원장님을 위한
병원마케팅 자가 진단 KIT

원장님을 위한
병원마케팅 자가 진단 KIT

심진보 지음

이 책을 읽기 전에 펜을 준비해 주세요.
책 위에 바로 메모하세요.
그리고 2개월 뒤에 변화된 상황을 다시 확인하세요

프롤로그

저의 4번째 병원마케팅 도서를 출간하는 마음이 가볍고 기쁩니다.

2021년 『원장님께 드리는 병원마케팅 조언 100』에서는 병원마케팅 경험에 대한 인사이트를 드리려고 출간하였습니다. 2024년 『병원 개원 마케팅 이기는 전략』에서는 개원을 앞둔 원장님들에게 시행착오를 줄이는 방법에 대하여 서술하였습니다. 2025년 초 AI시대를 맞아 의사의 퍼스널 브랜딩을 위한 책 쓰기 방법에 대한 『의사를 위한 AI 출판 가이드』를 출간하였습니다.

그리고 2025년 소책자 사이즈로 병원마케팅의 체크포인트만 꼭 집어서 다루는 바로 이 책을 한 권 더 출간하게 되었습니다.

본 도서를 출간한 이유는 병원 규모와 마케팅 배경지식과 무관하게 모두에게 도움이 되는 실질적이고 현업에 유용한 도서를 출간하기 위한 의도입니다.

지금까지 써 왔던 병원마케팅 책보다 좀 더 가볍지만, 항상 체크해야 하는 주제를 곁에 두고 점검하자는 의도입니다. 가벼운 핸드북 사이즈로 제작하였으며 길지 않은 내용이니 차 한잔하면서 펜을 들고 우리 병원의 개선점은 무엇일지 메모해 보시기 바랍니다.

그리고 책을 다 읽으시면 원내 스텝들 또는 원내 마케팅 담당자와 원장님께서 메모하신 내용으로 반드시 미팅을 해보시기를 바랍니다.

핸드북 사이즈의 이 책은 실제 마케팅 개선을 실천하기 위해서 제작되었습니다.

여러분께 도움이 되기를 기원합니다.

2025.4
심진보 드림

목차

프롤로그   6

Part 1.
광고 인프라 및 홈페이지 점검

- 광고비는 아깝지 않은데 홈페이지 제작비는 왜 아까울까?   17
- 유입분석! 측정하지 않으면 개선될 수 없다   19
- 홈페이지의 이름표! 메타태그를 최적화했는가?   20
- 블로그 하나로 병원 운영? 홈페이지 없이 정말 괜찮을까?   22
- 보안인증서가 없어서 위험한 홈페이지로 분류되지 않는가?   23
- 유입 즉시 이탈하는 홈페이지 이탈률을 점검하라!   25
- 비포애프터 게시판이 홈페이지에서 가장 중요하다   26
- 홈페이지! 간편 로그인은 필수!!   27
- 홈페이지 4대 버튼 '전화/예약/카톡/네이버 예약'을 눈에 띄게 하라!   28
- 홈페이지가 이질감을 주면 환자가 떠난다   30
- 불리하고 부당한 홈페이지 유지보수 계약을 하지 않았는가?   32
- FAQ 게시판을 체계적으로 정리하면 내원율이 상승한다!   35
- 홈페이지의 중요 메뉴를 숨겨두지 않았는가?   37
- 홈페이지 팝업 = 원장의 욕심 = 환자들의 불편   38

Part 2.
홍보 및 광고 전략 점검

- 로컬의 매출은 네이버 플레이스와 블로그가 90% 43
- 피할 수 없는 유혹, 대행사 소유의 블로그는 절대 하지 마라 44
- 네이버 플레이스 어뷰징, 삭제당할 수 있다 46
- 네이버 예약, 카카오 상담을 실장이 꺼려서 안한다? 48
- 네이버 플레이스의 가독성을 높여라! 49
- 광고의 기본은 검색광고, 반드시 진행하라 51
- 도달 광고를 반드시 운영하라! 52
- 광고에 시간, 요일, 지역 전략이 있는가? 53
- 홍보 채널의 쪽지와 DM 문의를 놓치지 말 것 54
- 블로그! 나열이 아니라 관점으로 설득하라!! 56
- 왜 영상광고를 하지 않는가? 57
- 구환 관리는 문자, 카톡, 이메일로 하라!! 58
- 질환 카페에 광고하고 있는가? 59
- 광고에 선택당하지 말고 선택하라! 60
- 미용 APP은 쿠팡과 같다, 자사 몰에서 팔아라 62
- 리타기팅 광고는 반드시 집행하라!! 64
- DB 및 CPA 마케팅이 허상인 경우가 있다 65
- 검색엔진 최적화는 필수!! 68

Part 3.
원내 마케팅 점검

- 원내 마케팅담당자가 있는가? 73
- 적극적 상담을 하는 실장이 필수적이다 74
- 내부 마케팅에 의료법 교육을 해라! 76
- 실장의 미흡한 상담에 고객은 부담을 느낀다 77
- 마케팅직원 채용을 신중하게 하라 77
- 마케팅아이디어가 나올 분위기를 만들어라 79
- 보수적 원내 마케터의 문제점 81
- 우리 마케팅담당자는 병원을 위해 일하는가? 83
- 왜 원내 마케터가 반복적으로 퇴사할까? 85
- 마케팅은 순차적이 아니라 병렬적으로 하라! 86
- 직원들의 SNS 사용 가이드라인을 마련하라! 88
- 마케팅은 지인과 친인척 말고 전문가에게 맡겨라 89

Part 4.
외부 마케팅 및 대행사 점검

- 여러 광고대행사의 제안을 필터링하라 93
- 외주 대행사에서 정기적 보고서를 받아라 94
- 투자받은 MSO의 대행사가 실력이 있는가? 95
- 영상 및 마케팅 업체가 병원 경험이 있는 업체인가? 97
- 왜 대행사와 원내 마케터는 싸울까? 99
- CPS 업체에 의존하는 것은 위험하다 101

Part 5.
마케팅 성과 및 아이템 점검

- 올드 미디어와 상위노출에 집착하는 원장인가? 105
- 원장이 마케팅 무용론에 빠지면 위험하다 107
- 모든 것을 내가 직접 해야 하는 원장인가? 110
- 내 진료가 종교가 되어서는 안 된다 111
- 상급 입지가 모든 것을 해결하지 않는다 112
- 네거티브 마케팅에 위축되지 말라 115
- 블랙스완에 대비하라 117
- 시그니처 진료가 있는가? 119
- 시그니처 진료는 발명이 아니다 120
- 병원이라는 단체 홍보에 과몰입하지 말 것 122
- 마케팅에 있어서 새삼스러움은 없다 123
- 마케팅은 아이템을 이길 수 없다 126
- 성과에 대한 책임회피가 없는가? 128
- 원장만 모르는 비밀, 위생과 인테리어 129
- 조직문화가 올드한가? 131
- 마케팅 예산의 편향성이 없는가? 135
- 대기실 환경은 긍정적 경험을 제시하는가? 136
- 환자그룹별 대기 공간을 분리하라 138
- 행정구역 타깃 광고는 필수! 139
- 맘카페와 커뮤니티 마케팅을 하고 있는가? 142

Part 6.
부정 이슈 및 위기관리 점검

- 부정 이슈 대응매뉴얼이 있는가?   147
- 환자 후기 작성 독려 프로그램이 있는가?   151
- 부정 이슈의 패턴에도 유행이 있다   152
- 카카오맵, 구글맵도 후기 관리하라   154

Part 7.
성과측정 및 기타 점검

- 업로드와 포스팅에 정신 승리하지 말 것   159
- 전년도 동일 시즌과 성과 분석하라   161
- 상담률, 내원율 체크는 필수!!   161
- 보험, 급여, 외래의 성과지표가 중요하다   164
- 조회수나 유입수에서 허수나 해외 유입은 없는가?   165
- 재진 환자 비율을 체크하고 있는가?   168
- 진료과목별, 전환율 차이를 분석하라!   170
- 마케팅했으나 소개 환자는 늘지 않는가?   171
- 계절별 프로모션은 일찍 준비하라   172
- 정기적으로 광고 소재를 변경하라   173
- 외국인 환자 진료로 확장이 가능한가?   175
- 최근 의료 심의를 언제 받았는가?   177
- 환자가 가장 많이 검색하는 키워드를 알고 있는가?   178

- 실제 상담이 실시간인가? 181
- 마케팅과 상담이 서로 소통하는가? 182
- 병원에 CRM도 없는 것은 아닌가? 183
- CSR 마케팅 가능하다면 진행하라 184
- 예약 부도율을 점검하라 185
- 클릭이 일어나는 키워드를 정기 점검하라 187
- 키워드 광고의 CPC가 적절한가? 189
- 마케팅 성공하면 혁명? 실패하면 반역? 189
- 신뢰할 수 있는 중간관리자를 육성하라! 191
- VIP 및 장기 미 내원 환자 관리 시스템이 있는가? 192
- 네트워크별로 마케팅 지원과 관리는 큰 격차가 있다 193
- 네트워크 지점에 대한 지역 타깃 광고가 제대로 되고 있는가? 195

에필로그 198
부록 200

PART 1.

☑ 광고 인프라 및 홈페이지 점검

광고비는 아깝지 않은데 홈페이지 제작비는 왜 아까울까?

병의원의 마케팅 선택에 있어서 안타깝고 잘못된 의사결정의 결과로 많이 목격하는 것이 홈페이지 제작입니다. 대부분의 병의원에서 한 달 광고비 100원은 아까워하지 않으면서 향후 5년간 사용할 홈페이지 제작 1회에 100원이 들어가는 것은 목돈이라 생각하고 아까워합니다.

왜 이렇게 판단하는 것일까요? 좋은 구두를 신어야 영업이 잘되고 좋은 책상과 의자가 있어야 공부가 잘된다고 생각하면서 홈페이지에 대한 투자는 왜 아까워할까요? 그 이유는 현재 어쨌든 홈페이지가 있어서가 아닐까요? 한 달에 100원의 광고 투자가 이루어진다면 1년에 1,200원의 투자가 이루어지는 것이 광고인 반면 그 1,200원을 고스란히

받아들이는 것은 100원의 예산으로 만든 홈페이지인데 왜 아까워할까요?

홈페이지 유입은 많은데 매출은 나오지 않는 이유가 뭘까요? 홈페이지가 현재 제대로 되어 있지 않다면 밑 빠진 독에 물을 붓는 과정에 있을 수 있습니다. 누수가 있기 때문일지 모르니 점검해 보시기 바랍니다. 광고가 자기 일이기 때문에 책임이 있는 원내 담당자와 광고가 집행되어야 매출이 생기는 광고대행사는 원장님께 진실을 말하지 않을 수 있습니다. 성과가 없는 것은 광고가 문제가 아닐 수 있습니다.

제가 여러 병의원의 홈페이지의 유입률 분석을 해보면, 동일 비용을 사용하는데 홈페이지 때문에 성과가 몇 배가 차이 나는 현상을 매일 목격하고 있습니다.

일반적인 경우 홈페이지의 평균수명은 5년입니다. 만든 지 오래되어 디자인만 보고 가망 환자가 나가버리는 문제일 수도 있고 구조 자체가 불편한 문제일 수도 있습니다. 홈페이지 개선으로 매출과 문의가 늘어난 사례는 충분히 많이 찾아볼 수 있습니다. 홈페이지 제작비용을 아까워하지 마시기를 바랍니다.

시간이 없어서 원고 작성에 대한 부담으로 홈페이지 신규 프로젝트를 미루는 원장님들도 계시는데, 실제 경험이 있는 홈페이지 제작업체에 제작을 맡기면 원고는 알아서 써오는 경우도 많으니 너무 걱정하지 않으셔도 됩니다. 그리고 최근에 홈페이지 원고 작성을 AI에 많이 맡길 수 있다는 장점이 있다는 것을 참고하시기를 바랍니다. 원장님은 원고에 대한 의학적 검수만 해주셔도 됩니다.

유입분석!
측정하지 않으면 개선될 수 없다

우리 병원의 홈페이지 유입 분석을 하고 있나요? 매일, 매주, 매월 몇 명의 사람들이 우리병원의 홈페이지에 오는지 알고 있나요? 혹시 분석하지 않는 것은 아닌가요? 온라인 마케팅의 가장 기본은 유입분석입니다. 많은 병의원이 광고의 송출에만 신경을 쓰고 광고의 결과인 홈페이지로의 유입에는 신경을 쓰지 않고 있는 모습을 자주 봅니다.

홈페이지 유입 통계를 분석하고 매월 그에 따른 개선 작업을 해야 합니다. 이것을 하지 않는 것은 마치 하루의 몇 시간 공부했는지를 중요하게 생각하고 정작 시험성적은 분석하지 않는 것과 같습니다. 성적표를 보아야 어떤 과목을 더 공부하여 평균 성적을 올릴 것인지를 의사결정을 할 수 있을 것인데 이러한 성과측정과 개선점을 고민하지 않고 있다면 병원마케팅은 절대 발전할 수 없습니다.

일부 병의원들은 홈페이지 유입분석을 어렵게 생각하고 못 하는 경우가 있는데 크몽과 같은 프리랜서 마켓에서도 저렴하게 의뢰할 수 있고 현재 광고대행사에 문의할 수도 있습니다. 중요한 것은 홈페이지 유입분석은 홈페이지 제작업체가 하는 것이 아니라 광고업체가 해야 할 일입니다. 핸드폰 수리는 SK텔레콤이 아니라 삼성전자에서 해야 하는 것과 같은 이치입니다.

홈페이지의 이름표! 메타태그를 최적화했는가?

혹시 우리 병원 홈페이지는 있지만 키워드 광고를 하지 않으면 네이버나 구글에 노출이 안 되는 것은 아닌가요? 광고 없이 검색엔진에서 홈페이지가 자연스럽게 노출되도록 하려면 메타태그 최적화 작업이 필수적입니다. 메타태그는 웹페이지의 주요 정보를 검색엔진에 전달하는 역할을 하며 이를 잘 설정하면 광고 없이도 자연 검색에서 상위에 노출될 가능성이 커집니다.

홈페이지 메타태그를 처리하거나 네이버 서치 어드바이저 작업을 해야 하는데 이런 사항을 챙기지 못하여 우리 홈페이지가 검색엔진에 노출되지 않는다면 상당한 손해입니다. 메타태그를 체크하고 Title, Description, Keywords 등을 최적화해야 합니다.

지금 드린 말씀이 무슨 말인지 이해가 어렵고 실행방법을 모르겠다면 프리랜서 마켓 크몽에서 홈페이지에 '메타태그' 작업을 해주는 프리랜서를 찾으시기를 바랍니다. 한 번 제대로 설정해 두면 지속해서 효과를 볼 수 있는 투자라는 점에서 반드시 진행해야 합니다.

블로그 하나로 병원 운영? 홈페이지 없이 정말 괜찮을까?

'우리 지역, 우리 진료과에서는 굳이 홈페이지가 필요하지 않은 것 같다. 지금까지 홈페이지 없이 잘 운영해 왔는데 굳이 홈페이지가 무슨 영향이 있겠는가?' 하는 접근으로 홈페이지 없이 그냥 방치해 두는 경우를 자주 목격합니다. 그리고 네이버 플레이스에도 홈페이지 없이 블로그만 표기된 병원이 많습니다. 특히 수도권 외곽이나 지방의 병의원에 이러한 경우가 많습니다. 그러나 비급여 진료나 다수의 환자가 방문하게 하여 매출을 만들려는 의도가 있으시다면 반드시 홈페이지가 있어야 합니다.

홈페이지와 블로그는 목적과 성격이 서로 다릅니다. 홈페이지는 가망 신환에게 공식적이고 정적인 콘텐츠로 병원을 대표하는 역할을 하고, 블로그는 캐주얼하고 동적인 콘텐츠로 매력을 보여주게 됩니다. 블로그, 유튜브, 인스타그램은 홈페이지로 트래픽을 넘기기 위한 외부 채널이라는 점을 명심하시기를 바랍니다. 블로그만으로는 정확한 유입 경로 분석이 되지 않습니다.

홈페이지 없이 블로그가 병원을 대표하는 대문으로 환자들에게 비추어지면 환자는 우리 병의원을 방문하거나 원장을 만나보지도 않고 방문 전에 '여기는 작은 동네 병원이구나'라는 선입견을 가질 수 있습니다. 우리 홈페이지가 없어서 예약을 고민했던 가망 신환까지 놓치고 있지는 않았을까요?

보안인증서가 없어서 위험한 홈페이지로 분류되지 않는가?

한국인터넷진흥원(KISA)의 권고안에 따라 모든 병의원의 홈페이지에는 보안인증서를 설치해야 합니다. 보안인증서가 설치된 홈페이지는 http가 아닌 https로 접속됩니다. 대부분의 웹브라우저에서는 자물쇠 아이콘을 통해 보안 상태를 시각적으로 표시합니다. 그리고 일부 웹브라우저에서는 보안인증서가 설치되어 있지 않으면 위험한 사이트로 분류되어 접속할지 여부를 사용자에게 물어봅니다. 지금 우리 홈페이지는 혹시 보안인증서가 있는지 없는지 모르시나요? 가장 기본적인 사항이니 체크하시기를 바랍니다.

지금 가망 환자들은 보안 인증서가 없는 우리 병원의 홈페이지에 접속하지 않고 이탈하고 있을 수도 있습니다. 저의 경험에 따르면 전체 병원 홈페이지의 20~30%가 보안 인증서가 없이 방치되고 있습니다. 의료 서비스의 특성상 환자들은 병원의 홈페이지를 통해 진료 과목을 확인하고 의료진의 경력과 전문성을 살펴보며 직접 병원에 방문하기 전에 신뢰도를 평가합니다. 보안 인증서가 설치되지 않은 홈페이지는 신뢰도를 저해할 위험이 있습니다.

홈페이지 보안 인증서는 단순히 기술적 요소가 아니라 병원의 신뢰도와 마케팅 성과를 결정짓는 요인에 해당합니다. 환자들은 병원의 홈페이지에서 신뢰를 얻고 그것을 바탕으로 방문을 결정합니다. 보안 인증서가 없는 상태로 방치되어 있다면 신뢰를 얻기 어렵습니다. 보안 인증서 설치는 일회성 작업이 아니며 은행 인증서처럼 매년 1회는 갱신해야 하니 잊지 말기를 바랍니다. 대부분 이러한 일이 발생하는 이유는 제대로 된 홈페이지 유지보수 서비스를 받지 못하고 있기 때문입니다.

유입 즉시 이탈하는 홈페이지 이탈률을 점검하라!

홈페이지 이탈률은 홈페이지에 접속 후 바로 나갔거나 1페이지만 보고 나간 사람들의 비율을 의미합니다. 왜 우리 병원의 이탈률이 높은지 알아야 합니다. 대부분의 경우 홈페이지가 매력적이지 않거나 UX/UI나 디자인에 문제가 있기 때문입니다. 우리 홈페이지가 환자 유치를 위한 역할을 다하고 있을 것이라고 생각하나요? 아니면 병원 홈페이지는 모두 거기서 거기이며 비슷하다고 생각하시는지요?

실제 홈페이지를 뜯어보면 유사한 규모의 병의원이라고 하여도 이탈률의 차이는 몇 배가 나는 경우가 많습니다. 이 말은 광고효과가 몇 배로 차이 난다는 말입니다. 이탈률 점검은 비교적 간단한 작업만으로도 가능하니 반드시 체크해 보시기 바랍니다. 이탈률의 개선은 홈페이지 전체를 바꾸지 않고 일부 개선만으로도 가능한데 이러한 시도를 하지 않는 것은 우리에게 불리한 판단입니다.

비포애프터 게시판이 홈페이지에서 가장 중요하다

홈페이지에 비포애프터 게시판이 있나요? 홈페이지 통계에서 환자들이 가장 많이 찾는 메뉴는 비포애프터입니다. 비포애프터 게시판이 제 역할을 하고 있나요? 특히 검진내과처럼 육안으로 비포애프터가 보이지 않는 진료과가 아니라, 피부과, 성형외과, 다이어트, 척추관절 등처럼 수술과 시술의 전후를 보여주는 진료과의 경우에 비포애프터 게시판의 역할이 중요합니다.

환자들은 수술한 이후에 내가 어떻게 변화될지를 궁금해하기 때문에 홈페이지에서 그 욕구를 충족시켜 주어야 합니다. 규정상 로그인한 환자에게만 비포애프터를 보여주어야 하니 간편한 회원가입 장치도 있어야 합니다.

홈페이지! 간편 로그인은 필수!!

비포애프터 게시판과 더불어 간편 로그인 기능이 중요합니다. 간편 로그인 기능은 페이스북, 구글, 네이버, 카카오톡 간편 로그인을 주로 많이 사용하고 있습니다. 저는 병원의 마케팅 월간 보고 시간에 홈페이지 회원 증가 추세에 대해서도 보고하고 있습니다.

간편 로그인이 없는 홈페이지는 회원가입이 늘지 않으며 비포애프터 게시판을 보는 사람들도 아주 적습니다. 현재 홈페이지에 간편 로그인 기능이 있나요? 없다면 카카오톡, 네이버 간편 로그인을 추가하는 작업부터 바로 하시기를 바랍니다. 원장님은 요즘 온라인 쇼핑하실 때 간편 로그인 없는 사이트에서는 안 하시지 않나요?

홈페이지 4대 버튼 '전화/예약/카톡/네이버 예약'을 눈에 띄게 하라!

온라인 마케팅에는 '전환'이라는 개념이 있습니다. 쇼핑몰은 장바구니 담기나 카드 결제가 전환입니다. 병원의 전환이란 환자가 병원에 대한 관심을 예약이나 문의에 해당하는 행동으로 옮기는 행위를 의미합니다. 병원은 온라인에서 최종 결제가 일어나지 않기에 병원의 전환은 전화 버튼, 카카오 상담, 네이버 예약, 진료 시간, 오시는 길 등을 누르거나 보는 행위입니다.

전환이 많이 일어나기 위해서는 이러한 버튼이나 메뉴부터 잘 보여야 하는데 제대로 찾아볼 수도 없는 병원들이 있습니다. 홈페이지 제작이나 운영 시에 이러한 점이 반영되어야 한다는 것을 모르거나 심미적인 면만 고려하는 경우가 많습니다. 보기는 좋지만, 정보를 찾기 어려운 홈페이지가 과연 병의원 매출에 기여하는 홈페이지일까요?

전환을 위해서 모바일에서는 화면 하단에 고정된 전화 버튼과 카카오톡 상담, 네이버 예약, 오시는 길, 진료 시간 등의 버튼을 배치하여 언제든 쉽게 예약과 관련된 행동을 할 수 있도록 해야 합니다. PC 홈페이지에서는 상단 내비게이션 바 또는 오른쪽 하단에 상담 버튼을 두어 눈에 띄는 위치에 배치해야 합니다. 또한 네이버 예약과 카카오톡 상담 기능을 적극적으로 활용해야 합니다. 최근 젊은 환자들은 전화보다 비대면 예약과 상담을 선호하는 경향이 강합니다.

네이버 예약을 활용하면 환자가 직접 전화하지 않고도 원하는 날짜와 시간을 예약할 수 있어 편리합니다. 카카오톡 상담을 제공하면 환자가 부담 없이 질문할 수 있으며 상담 데이터를 저장하여 추후 지속적인 관리도 가능합니다. 이런 전환 요소의 가시성이 왜 중요한지 깊이 고민해 보셔야 합니다.

환자들이 홈페이지를 방문하는 가장 큰 목적은 몇 개의 후보 병원 중에 내가 최종적으로 갈 병원에 연락하거나 예약하는 것입니다. 만약 전화 버튼이 작거나 숨겨져 있고 예약 버튼이 메뉴 깊숙이 묻혀 있다면 환자들은 불편함을 느끼고 떠날 가능성이 높습니다.

전환율은 매주, 매월 지속해서 점검하고 최적화해야 합니다. 지금 그렇게 하고 계신가요? 혹시 우리 병원의 홈페이지는 전화 상담, 카카오톡 상담, 네이버 예약, 진료 시간 확인, 오시는 길 안내 등 핵심적인 전환 요소들이 환자들에게 명확하게 보이고 있습니까?

홈페이지가 이질감을 주면 환자가 떠난다

홈페이지는 의료기관의 얼굴이며 잠재 환자들이 우리 병원을 처음 마주하는 접점입니다. 따라서 의료기관의 정체성을 명확히 전달하는 동시에 핵심 타깃층에게 친근감과 신뢰감을 주어야 합니다. 그러나 많은 의료기관이 디자인 차별화에 지나치게 몰입한 나머지 오히려 타깃 고객층과의 심리적 거리감을 만들어내는 실수를 범하고 있습니다.

이질감이란 무엇일까요? 제가 겪은 대표적인 사례를 들어보면 매력적으로 꾸미고 글로벌한 느낌을 주려고 외국인 모델이 화면에 가득 등장하는 홈페이지를 제작하는데 정작 우리의 타깃은 한국의 중장년 여성인 경우가 있었습니다. 한국 중년 이상의 타깃 고객은 내가 갈 병의원이 맞는지, 외국인 환자를 진료하는 의원인지 고민하다가 이탈하였습니다.

중산층이 거주하는 대표적인 거주지역에서 프리미엄 진료, 고가진료를 하겠다고 이런 차별화 진료를 중심으로 잡고 홈페이지를 럭셔리, VVIP를 타깃으로 한 명품관이나 고급 가구점 스타일로 제작하는 경우를 자주 봅니다. 대표원장의 저가 덤핑진료는 하지 않겠다는 마음은 알겠으나, 실제로 이것이 해당 입지에 맞지 않거나 공감이 가지 않아서 해당 지역의 환자들은 이질감을 느껴서 이탈합니다.

내과나 통증의학과의 경우 의도적으로 환자 유치를 위해서 중장년부터 노년 인구가 많은 올드타운에 개원하는 경우가 많습니다. 그런데 개원의도와 다르게 홈페이지는 폰트부터 작아서 잘 보이지 않는 구성이나 젊은 사람들이 갈 만한 미용 의원의 분위기로 꾸민 경우 환자들은 이질감을 느껴 이탈합니다.

차별화가 중요한 것을 알기에 강조하고 싶겠지만 이것이 과하여 이질감을 주면 홈페이지는 오히려 역효과가 있을 수 있기에 유의해야 합니다. 홈페이지는 병원의 정체성을 명확히 반영하면서도 주요 타깃층이 신뢰하고 공감할 수 있는 형태로 구성되어야 합니다. 병원의 홈페이지는 우리의 핵심 타깃에게 '내가 가야 할 곳'이라는 느낌을 주는 것이 가장 중요합니다. 지금의 홈페이지가 가망 환자가 아닌 나의 만족을 반영한 홈페이지는 아닌가요?

불리하고 부당한 홈페이지 유지보수 계약을 하지 않았는가?

홈페이지는 마케팅과 환자 유입에 중요한 역할을 하는 핵심 자산입니다. 그러나 원장이 홈페이지의 제작이나 유지보수에 대해서 잘 모르는 경우가 많습니다. 이것은 당연합니다. 그런데 이런 것을 악용하는 업체가 시장에 많습니다.

제가 새로운 계약을 위해 홈페이지 상태를 점검해 보면 홈페이지 유지보수 계약이 말이 안 되는 조건으로 가격이 높게 책정된 경우도 많이 보게 됩니다. 그러나 많은 병의원에서는 홈페이지 제작과 유지보수 계약을 체결할 때 IT 관련 지식이 부족하여 불리한 조건으로 계약을 맺는 경우가 많습니다.

혹시 우리 병원은 홈페이지 유지보수 계약이 병원에 불리한 조건으로 되어 있지는 않나요? 배경지식이 부족하여 계약 내용을 제대로 검토하지 않고 계약했다가 과도한 유지보수 비용을 지불하거나 개발 계약 종료 후 홈페이지에 대한 소유권한을 제대로 행사하지 못하는 문제가 발생하는 경우가 흔합니다. 소위 말하는 갑과 을이 뒤바뀌는 상황입니다.

저희도 현장에서 자주 목격하는 주요 불리한 조건은 아래와 같으니 반드시 점검해 보시기 바랍니다.

홈페이지 유지보수 비용은 보통 월 단위로 책정됩니다. 일부 업체는 제작비를 상대적으로 저렴하게 책정한 뒤 유지보수 비용을 과도하게 높게 설정하는 방식으로 장기적인 수익을 창출하는 경우가 있습니다. 유지보수 비용이 실제 제공받는 서비스의 범위와 비교하여 합리적인지 검토해야 합니다.

실질적인 홈페이지 소유권이 병원이 아닌 제작업체에 귀속되는 경우가 아닌지 잘 검토할 필요가 있습니다. 일부 홈페이지 제작업체는 계약서에 홈페이지의 이미지와 프로그램 코드 원본을 제공하지 않는다는 조항을 삽입하는 경우가 있습니다. 이러한 경우 계약 종료 후 홈페이지를 다른 업체로 이전하려 할 때 이전되지 않는 문제가 발생할 수 있으며 심지어 병원이 직접 기존 홈페이지를 수정할 수 없게 될 수도 있습니다.

홈페이지 도메인, 디자인, 콘텐츠, 서버 권한 등을 병원이 직접 관리할 수 있고 소유권도 가지도록 계약서를 꼼꼼히 확인해야 합니다. 또한 서버 접근 권한과 관리자 계정도 병원이 직접 가질 수 있도록 계약을 체결해야 합니다.

유지보수 계약을 체결할 때 어떤 사항이 유지보수에 포함되는지 명확하게 정의해야 합니다. 예를 들어 단순한 텍스트 변경과 이미지 교체만 포함되는지 아니면 기능 추가 및 보안 업데이트까지 포함되면 유지보수 견적은 어떻게 되는지 확인해야 합니다.

유지보수의 범위를 명확히 하지 않으면 추가적인 기능 개선이나 디자인 변경이 필요할 때마다 과도한 추가 비용이 발생할 수 있습니다. 일부 업체는 홈페이지를 병원이 직접 수정할 수 없도록 특정 폴더를 숨겨두는 폐쇄적인 방식으로 개발하는 경우가 있습니다. 이러한 경우 간단한 문구 변경조차도 유지보수 업체에 의존해야 합니다.

특히 주의해야 할 점은 장기 유지보수 계약과 구속력 있는 조항들입니다. 계약 기간 중 해지가 불가능하거나 과도한 위약금이 설정된 경우, 필수적이지 않은 서비스가 의무적으로 포함된 경우 등이 이에 해당합니다. 이러한 조항들은 병원의 선택권을 제한하고 불필요한 비용 부담을 초래할 수 있습니다.

계약 체결 전 여러 업체의 견적을 비교해 보시는 것이 중요합니다. 단순히 가격만을 비교하는 것이 아니라 제공되는 서비스의 범위와 품질 그리고 계약 조건을 꼼꼼히 살펴보아야 합니다. 이를 통해 시장의 일반적인 홈페이지 유지보수 가격 수준과 계약 조건을 파악하실 수 있습니다. 가능하다면 IT나 웹 개발 분야에 전문성을 가진 제삼자의 조언을 구하는 것도 좋은 방법입니다.

FAQ 게시판을 체계적으로 정리하면 내원율이 상승한다!

수술과 시술병원의 경우 비포애프터 메뉴 외에 가장 많은 클릭을 받는 게시판은 FAQ입니다. 그런데 가장 많은 조회는 비포애프터 게시판은 아닙니다. 비포애프터 게시판까지 왔다가 그냥 가는 경우가 많습니다. 그 이유는 로그인해야 하기 때문입니다.

나이가 젊은 환자의 비율이 높을수록 그들은 로그인의 불편함을 감내하지 않습니다. 그 결과 실제로 불편함 없이 가장 많이 보는 게시판은 공개 상담과 FAQ입니다. 이것은 수많은 병원의 홈페이지에서 공통으로 목격하게 되는 통계입니다.

현재 병원 홈페이지에는 환자들이 가장 많이 궁금해하는 질문이 제대로 정리되어 있습니까? FAQ 페이지가 실제 환자들이 원하는 정보를 효과적으로 제공할 수 있도록 구성되어 있나요? FAQ를 잘 정리해 보시기 바랍니다. 많은 병원이 홈페이지 내 FAQ 페이지를 체계적으로 정리하지 않거나 영혼 없이 단순하게 형식적인 정보만을 제공하고 있는 경우가 많습니다. 가망 환자들은 진정성 없는 FAQ에 실망하고 홈페이지를 이탈합니다. FAQ 게시판에 '이건 내 이야기잖아'라고 느낄 수 있는 콘텐츠를 준비하시기를 바랍니다.

홈페이지의 중요 메뉴를 숨겨두지 않았는가?

환자들이 가장 궁금해하는 주요 진료 항목이 쉽게 찾아볼 수 있는 위치에 배치되어 있습니까? 아니면 화려한 디자인과 동영상 효과로 인해 정작 환자들이 원하는 정보를 대메뉴에서도 찾기가 어렵지는 않습니까?

최근 홈페이지에 드론 촬영 영상, 3D 동영상 등을 메인 배치하고 화려한 기술로 사용자의 눈길을 사로잡으려는 시도가 많습니다. 그러나 이것이 과하여 홈페이지가 주로 심미적인 면에 치우친 나머지 사용자 환경을 고려하지 않고, 주요 메뉴 역시 뒤로 숨겨져 있어서 편의성이 엉망인 경우가 다수 있습니다.

주력 진료가 제대로 보이지 않는 것이 대표적인 현상입니다. 흔한 예시로 임플란트 치과인데 임플란트를 메인화면과 대 메뉴에서 볼 수 없고 하위메뉴에 있는 경우도 많습니다. 화려한 디자인을 보여주기 위해서입니다. 그러나 병의원 홈페이지가 주로 전달해야 할 메시지는 주력 진료입니다. 환자들은 드론 영상이나, 3D그래픽, 이쁜 모델을 보러 홈페이지에 오는 것이 아님을 명심해야 합니다.

홈페이지 팝업 = 원장의 욕심 = 환자들의 불편

팝업에 가려서 실제 홈페이지 콘텐츠가 안 보이는 것은 아닌가요? 일부 병원을 보면 환자에게 하고 싶은 말이 생길 때마다 그것을 팝업으로 띄워 홈페이지에 팝업이 가득 차게 운영하는 경우가 있습니다. 저는 이것이 일종의 불안감이나 지나친 욕심이라고 생각합니다. 팝업이 가득 찬 홈페이지 운영은 사용자 편의성을 크게 해치게 되며 과도한 팝업은 환자들이 정보를 찾기도 전에 불편함을 느껴 홈페이지를 이탈하게 됩니다.

모든 병원이 환자의 75% 이상이 모바일 홈페이지를 통해서 유입됩니다. 지금 바로 모바일 홈페이지를 점검해 보시기 바랍니다.

원장님은 진료실에서 PC로 우리 홈페이지를 보셔서 잘 모르는데 모바일 홈페이지는 팝업이 덕지덕지 붙어 있어서 홈페이지 본문을 보려면 7~8개 있는 팝업에 X표를 계속 누르면서 넘겨야 본문이 겨우 보이는 병의원도 많습니다. 모바일에서는 팝업을 닫는 버튼(X)이 작아 의도치 않게 잘못 클릭하는 경우가 많고 여러 개의 팝업이 겹쳐 있으면 환자들은 쉽게 피로감을 느낄 수밖에 없습니다. 우리가 환자들에게 불쾌한 경험을 주고 있는 것은 아닌지 점검해 보시기 바랍니다.

PART 2.

☑ 홍보 및 광고 전략 점검

로컬의 매출은
네이버 플레이스와 블로그가 90%

병원의 규모에 상관없이 특히 로컬의 1인 병원이라면 가장 중요한 것이 네이버 플레이스와 공식 블로그 채널입니다. 정기적으로 운영하는 블로그가 없고 네이버 플레이스가 관리되지 않고 있다면 광고의 가장 기본인 노출이 부족하여 매출에 기여를 하지 못합니다.

병원의 공식 블로그와 플레이스가 국내에서 가장 잘 통하는 마케팅의 기본입니다. 별도의 광고비가 들지 않고 매일 일정 시간을 투입해서 운영하는 블로그와 플레이스조차 관리가 되고 있지 않다면 현재의 광고 운영이 심각하다고 보아야 합니다.

지역의 작은 의원이 최소의 마케팅을 한다면 블로그와

플레이스를 선택해야 합니다. 작은 의원이라 블로그를 쓸 인원도 없다면 AI의 도움을 받으시기를 바랍니다. 원장님이 직접 AI로 블로그를 쓰시는 것도 쉽게 가능합니다. 이와 관련해서는 제가 출간한 『의사를 위한 AI 출판 가이드』라는 책을 보시는 것도 추천해 드립니다.

피할 수 없는 유혹, 대행사 소유의 블로그는 절대 하지 마라

그동안 작성하였던 병원의 블로그 포스팅들이 하루아침에 사라지거나 아예 접속이 안 되는 경우가 있습니다. 이런 일은 아주 흔하고 병의원의 블로그 운영 관련 사고의 70% 이상이라고 판단됩니다. 원인은 블로그의 소유권이 원장님이 아니라 광고대행사이기 때문입니다. 더욱 심각한 것은 블로그의 소유권이 누구에게 있었는지 원내에서 모르고 있었고 담당자가 바뀔 때마다 관리되지 않았다는 것입니다.

심지어 사실 이 블로그들이 광고대행사의 것도 아니고 대행사들이 일반인 파워블로거나 성장형 블로그를 가진 사람들에게서 유상으로 임대하거나 매입한 경우가 다수입니다. 즉 계약 기간만 성장형 블로그에서 글을 써주거나 병원에서 사용하여 상위 노출이 용이하게 하고 광고 대행이 끝나면 블로그 포스팅을 다 지우고 다음 고객에게 임대하게 됩니다. 그런데 이것을 계약 해지하겠다고 하기 전까지는 광고주에게 설명하지 않습니다. 블로그 운영을 오래 하였어도 누적 콘텐츠 자산이 전혀 남지 않아서 사고가 나면 모든 것이 날아가 버리므로 이런 블로그 광고 대행은 절대 하지 않으시기를 바랍니다.

블로그를 버릴 수 없기에 해당 광고대행사와 거래를 계속하는 경우 즉, 광고대행사가 병원을 락인(lock-in)하는 경우인데 이것은 상당히 좋지 않습니다. 이러한 블로그는 결국 우리의 소유가 될 수 없으며, 하루아침에 없어질 블로그이며 언젠가 일어날 사고가 지금 일어난 것뿐입니다.

제가 드리는 말씀은 꾸준하게 원장님 소유의 블로그를 원장님의 고유 캐릭터로 지속해서 성장시키는 것이 가장 좋으며 위험이 적다는 것입니다. 마케팅의 지름길만을 찾는 경우를 많이 봅니다. 그러나 사실은 가장 느리게 가는 것이 최고의 지름길입니다.

네이버 플레이스 어뷰징, 삭제당할 수 있다

지역 병의원에게 있어서 네이버 플레이스는 가장 매력적이고 욕심이 나는 지면입니다. 어떻게든 지도의 상위에 노출이 되기를 원하는 원장님의 마음을 네이버 플레이스를 광고하는 업체들도 알고 있습니다. 병의원의 대표번호로 걸려 오는 수없이 많은 영업 전화 중에 지도 상위노출을 보장한다는 업체의 영업 전화를 많이 받아보셨을 것입니다.

어뷰징 작업은 비정상적이며 기계적인 트래픽을 네이버에 부어서 우리병원이 지도에서 상위노출이 되게 만드는 작업입니다. 이러한 어뷰징 작업을 전문으로 하는 업체들이 있습니다. 어뷰징 트래픽은 실제 필요한 사람이 발생시키는 유입이 아닌 불법적인 트래픽 송출입니다.

네이버 입장에서 실사용자가 아닌 이러한 업체들의 작업은 서버 인프라를 비정상적으로 혹사하는 작업이며 법적으로 영업방해 행위입니다. 네이버는 AI 기술을 통해 이러한 비정상적인 패턴의 어뷰징 시도를 적발해 내고 있습니다. 만일 이러한 작업을 진행한 사실을 네이버가 찾아내어

그 결과로 여러분 병의원이 네이버 플레이스탭의 노출에서 불이익을 받는다면 마케팅적으로 상당히 어려운 상황에 봉착하게 됩니다.

최근 수년간 네이버 플레이스에 대한 어뷰징 작업을 한 결과 아예 네이버 플레이스에서 순위가 5페이지 내에서 사라져 버렸다는 사연을 듣거나 문의를 받은 일이 많습니다. 대부분의 경우 이러한 문제는 해결이 되지 않습니다. 네이버 플레이스를 현재 어뷰징 작업을 하는 것은 아닌가요? 위험한 상황이 올 수도 있습니다.

제가 추천하는 것은 이러한 어뷰징 작업을 하지 마시고 네이버에서 정식으로 출시하여 플레이스에 상위노출이 가능한 '네이버 플레이스' 광고를 집행하실 것을 권장해 드립니다. 여러분의 의원 규모가 작아 비용 부담이 있는데 단 하나의 유료 매체 광고를 한다면 네이버 플레이스 광고를 하시기를 바랍니다. 그리고 네이버 플레이스 광고는 의협, 한의협, 치협의 광고 심의위원에서 심의받고 필증 번호를 입력해야 하므로 반드시 심의받아야만 진행이 가능합니다.

네이버 예약, 카카오 상담을 실장이 꺼려서 안한다?

우리 병원은 네이버 예약과 카카오 상담을 이용하고 있나요? 혹시 이용하지 않는 이유가 실장이나 원장의 고집이나 선입견이 아닌가요? 요즘 고객들이 네이버 예약이나 카카오 상담을 이용하지 않는다고 생각하시나요? 내가 사용하지 않으니, 고객도 사용하지 않는다고 생각하나요?

과거와 달리 고객들은 전화만으로 병의원을 예약하지 않습니다. 물리적으로 떨어진 사람들과 소통할 때 더 이상 전화만을 사용하지 않는 것처럼 사람들이 병원을 찾을 때도 마찬가지입니다. 상담 채널은 최대한 여러 가지를 열어두는 것이 좋습니다.

실장의 귀차니즘이나 원장의 선호에 따라 특정 채널이 닫혀 있는 경우가 많으니 점검해 보시기 바랍니다. 특히 네이버 예약은 최근 아주 중요한 상담 채널이지만 각 병의원의 사용 수준은 아주 격차가 크며 네이버 예약의 사용 방법도 제대로 모르는 상담팀이 많습니다. 네이버나 카카오 온라인 교육센터에서 쉽게 알려주니, 직원들이 교육받게 하시고 도입해야 합니다.

네이버 플레이스의 가독성을 높여라!

네이버 플레이스는 로컬의원일수록, 의원의 규모가 작을수록 중요합니다. 예산을 많이 들여서 유료 광고를 할 수 없기 때문입니다. 광고 예산을 대규모로 투입할 수 없는 병원이라면 네이버 플레이스를 효과적으로 활용하여 자연 유입을 확실하게 시켜내는 전략이 필요합니다.

네이버 플레이스에서 가장 중요한 것은 가독성입니다. 가독성이 떨어지면 환자가 내용을 쉽게 인식하지 못하고 이탈할 가능성이 커집니다.

특히 플레이스의 상단 이미지 섹션은 첫인상을 좌우하는 요소이므로 환자가 직관적으로 이해할 수 있도록 구성하시기를 바랍니다. 네이버 플레이스의 바둑판 형태의 이미지 배치를 단순히 정보 채우기의 공간으로만 활용하여 작은 글씨로 **빽빽하게** 텍스트를 입력하거나 디자인적으로 조화롭지 않은 이미지를 올리면 가독성을 해치게 되어 오히려 역효과를 가져올 수 있습니다.

환자들은 긴 글보다는 눈에 띄는 이미지와 핵심 키워드를 중심으로 정보를 인식하는 경향이 있습니다. 가독성을 높이기 위해서는 플레이스에 올리는 이미지에 강조 사항이나 필수적인 정보만 담기 바랍니다. 예를 들어, 진료 시간, 병원의 주요 시술 항목, 병원의 분위기를 보여줄 수 있는 내부 사진, 원장님 소개 등이 직관적으로 보일 수 있도록 구성합니다.

가망 환자들이 네이버 플레이스를 방문하는 목적은 병원의 기본적인 정보인 위치, 운영시간, 주요 진료과목을 신속하게 확인하고 작성된 후기까지 보고 병원을 방문할지 아닐지 판단하는 것입니다. 지도에서까지 우리 병원을 찾아본 사람들은 거의 내원의 확률이 높은데 마지막 관문에서 과도한 욕심으로 복잡한 정보를 제공하여 놓치고 있는 것은 아닌지 확인해 보시기 바랍니다.

광고의 기본은 검색광고, 반드시 진행하라

현재 우리 병원은 입지와 진료과에 적합한 검색 광고를 제대로 운영하고 있나요? 환자들이 병원을 찾기 위해 검색하는 키워드에서 우리 병원이 효과적으로 노출되고 있나요? 입지와 진료과에 해당하는 검색 계열의 어떠한 광고도 진행하고 있지 않은 것은 아닌가요? 해외고객이 있다면 구글, 국내 고객은 네이버를 입지와 진료과에 맞게 해야 할 텐데 그렇게 진행되고 있나요?

많은 병원이 검색 광고를 진행하고 있다고 생각하지만 실제로 분석해 보면 비효율적으로 운영되거나 중요한 키워드를 놓치고 있는 경우가 많습니다. 검색 광고를 운영할 때 가장 중요한 점은 광고의 타기팅과 키워드 선정이 병원의 특성과 일치하는가입니다.

예를 들어 강남의 피부과라면 '강남 피부과', '신사동 피부과'와 같은 지역 기반 키워드가 반드시 포함되어야 하며 특정 시술을 특화한 병원이라면 '여드름 치료 잘하는 곳', '피부 미백 추천' 등의 시술 중심 키워드를 함께 활용해야 합니다. 제가 이런 말씀을 드리는 이유는 개원한 지 10년이 넘었는데 키워드 광고 관리자에 가입한 적이 없는 병의원도 종종 경험하기 때문입니다. 소액이라도 키워드 광고 운영은 필요합니다.

도달 광고를 반드시 운영하라!

검색광고만 아니라 비 검색 분야인 페이스북, 인스타그램, 틱톡, 유튜브 등의 매체 광고도 운영하고 있나요? 여러분 병원의 입지와 진료과에 맞는 도달 광고가 준비되어 있는지요? 아니면 광고의 매체가 아직도 검색에만 머물러 있지 않은가요? 병원의 마케팅 전략에서 검색 광고만큼이나 중요한 것이 비 검색 분야의 도달 광고입니다.

환자들은 단순히 검색을 통해 병원을 찾는 것이 아니라 도달 광고로 자연스럽게 노출된 콘텐츠를 보고 병원에 대한 관심을 갖고 방문을 결정하는 경우가 많습니다. 특히 젊은 환자층을 타깃으로 하는 병원이라면 인스타그램, 페이스북, 틱톡, 유튜브 등의 소셜미디어 광고를 고려해 보시기 바랍니다.

도달 광고가 단순한 브랜드 홍보용이 아니라 실제 환자 유입과 상담 예약으로 연결될 수 있도록 운영되고 있나요? 유튜브, 인스타그램 등의 도달 매체는 단순히 팔로워를 늘리는 것이 목표가 아니며, 병원 브랜드를 알리고 환자의 관심을 유도하여 상담 및 내원으로 전환될 수 있도록 하는 것이 핵심입니다. 반드시 도달 광고는 콘텐츠 운영과 광고를 섞어서 운영해야 합니다.

광고에 시간, 요일, 지역 전략이 있는가?

네이버 키워드 광고는 현존하는 광고 중에 가장 비싼 광고입니다. 특히 메인 키워드를 24시간 내내 입찰해서 상위 순위권 내 노출할 수 있는 병원은 그리 많지 않습니다. 비싼 키워드 광고를 할 때는 요일, 시간, 지역 전략을 분명하게 사전에 확정하고 집행해야 합니다.

많은 원장님이 "왜 내가 키워드 광고를 검색할 때 우리 병원이 노출되지 않냐?"고 말씀하시는데 대부분 별다른 전략 없이 키워드 광고를 켜 둔 경우입니다. 광고는 자정부터 일간 예산을 기준으로 켜질 것이며 새벽 시간에 이미 일일 예산을 모두 소진했기에 원장님께서 출근한 시간에는 보이지 않는 것입니다.

비용 대비 효율을 극대화하기 위해서는 단순히 광고 집행에 만족할 것이 아니라 철저한 세부 전략을 수립하는 것이 필수적입니다. 특히 네이버 검색 광고는 경쟁이 심해 클릭당 비용이 상당히 많이 들기 때문에 적절한 요일, 시간, 지역 전략 없이 운영하면 광고비가 비효율적으로 소진될 가능성이 큽니다.

홍보 채널의 쪽지와 DM 문의를 놓치지 말 것

블로그, 인스타그램, 페이스북, 유튜브 등의 병원 공식 채널을 만들어 두었지만, 기계적인 업로드를 반복하며 업로드 자체에만 의미를 두고 실제 가망 환자와 소통하지 않는 경우가 많습니다. 공식 홍보 채널을 제대로 운영하면 쪽지가 오고 댓글로 문의가 오며 이웃 신청이 들어옵니다.

실제 진료나 예약 문의가 홍보 채널로 들어오는 경우가 이 채널들의 활성화 여부가 판가름 나는 가장 중요한 시점입니다. 이 시점에 공식 채널에서 일어나는 반응에 아무런 답을 하지 않는 것을 자주 보게 되고, 심지어 쪽지가 왔다, 댓글로 질문이 들어왔다고 대행사에서 알려 드려야 원내에서 답변하기도 합니다.

기계적으로 정해진 업로드 일정만을 지키는 것이 아니라 실제로 환자들과 소통이 이루어지고 있는지를 점검해야 합니다. 원장님께서는 마케팅 담당자에게 업로드만 강조하지 마시고 오히려 업로드 횟수가 적더라도 소통을 제대로 할 것을 강조하시기를 바랍니다.

단순히 답하는 것이 아니라 최대한 신속하게 반응해야 우리에게 먼저 연락해 온 그들과 소통할 수 있습니다. 어렵게 들어온 환자들의 쪽지와 DM에 답하지 않는다면, 홍보 채널 운영에 무슨 의미가 있을까요?

블로그! 나열이 아니라 관점으로 설득하라!!

대부분의 병의원이 가장 많이 운영하는 홍보 채널은 블로그입니다. 그런데 블로그 채널을 아무리 오래 운영 하여도 방문자나 이웃의 증가가 없는 것은 원장의 고유한 세계관과 관점은 없이 질환과 치료법 나열이 기계적으로 진행되는 경우입니다.

블로그를 꾸준하게 해야 한다는 말이 인터넷에 떠도는 기사와 같은 포스팅을 연속적으로 계속해야 한다는 말이 아닙니다. 블로그 포스팅이 2~3천건이 넘는데 아무런 성과가 없는 블로그도 있습니다.

예를 들어 같은 '무릎 관절염' 치료라도 우리 병원이 다른 병원과 어떤 점이 다른지, 원장이 어떤 철학을 가지고 환자를 치료하는지, 환자에게 어떤 특화된 진료를 제공할 수 있는지 등을 강조해야 합니다. 경험 중심, 환자 중심의 콘텐츠로 구성해야 합니다. 일반적인 치료 정보의 나열은 검색과 AI를 통하여 너무 쉽게 구할 수 있습니다.

왜 영상광고를 하지 않는가?

현재 쇼츠, 릴스, 틱톡과 같은 영상광고나 유튜브 영상광고를 하고 있나요? 혹시 우리 병원의 규모에서는 영상이나 유튜브 광고가 어렵다고 생각하고 시도조차 하지 않은 것은 아닌가요? 원장님이 영상 촬영이 어색하기 때문에 하지 않으시는 것은 아닌가요? 현재 1인 병원을 위한 외주 유튜브 제작 및 영상 촬영 서비스들이 많이 있으며 프리랜서도 많습니다.

영상광고는 지금 뜨거운 광고 중의 하나입니다. 특별한 이유가 없다면 지금 시도해 보시기 바랍니다. 영상광고를 만드시고 원내 대기실의 TV에 트시고 유튜브에 쓰시고 홈페이지에도 쓰시기를 바랍니다. 영상을 만드셔서 이렇게 다양한 용도를 염두에 두고 쓰시면 결코 영상 제작비용은 아깝지 않습니다.

영상광고를 더욱더 제가 강조해 드리는 이유는 영상은 키워드 광고나 오프라인 광고처럼 성숙기에 들어서지 않아서 주도적 사업자가 시장의 가격을 모두 독점적으로 조정하지 못합니다. 현재 인스타그램, 틱톡, 유튜브 등의 플랫폼들이 시장에서 서로 짧은 영상에 대한 경쟁을 벌이고 있어서 광고단가가 앞으로 상당 기간 경쟁력이 있을 것으로 예상합니다. 영상광고를 반드시 시도하실 것을 권장해 드립니다.

구환 관리는 문자, 카톡, 이메일로 하라!!

한 달에 한 번 정도는 구환에게 문자와 카톡을 보내서 느슨한 관계를 유지하고 우리 병원의 소식과 이벤트를 알려야 구환이나 소개 환자를 통한 매출이 늘어날 텐데 그러한 활동을 하고 있나요? 내부에 이러한 업무의 담당자가 있나요? 없다면 구환이나 소개 환자를 어떻게 유지하고 늘릴 계획이 있을까요?

명심해야 할 것은 경쟁병원들은 이러한 활동을 하고 있다는 것입니다. 병원 광고대행사가 단순히 신환을 통한 매출만 담당하지는 않습니다. 구환 관리에도 광고대행사를 참여시키고 있습니다. 여러분의 병원은 어떠한가요?

질환 카페에 광고하고 있는가?

통증, 재활, 기능 의학, 턱관절, 임플란트, 소아 정형, 탈모, 암 요양 등의 질환을 진료하는 병의원이라면 환우들이 서로 의견교환을 하는 카페가 광고 플랫폼으로 적합한 경우가 많습니다. 내원하는 환자의 권역성이 넓은 병의원의 경우라면 질환 카페 및 커뮤니티 마케팅을 하고 있나요?

질환 카페는 성격이 매우 다양하다는 것을 먼저 인지해야 합니다. 순수한 환우 카페는 물론 기업화된 카페도 있고 제휴 비용 자체도 천차만별이니 유의해야 합니다. 환우 카페들이 모두 실제 환우와 보호자가 개설했다고 생각하는 것은 순진한 접근입니다. 기업형인 경우가 많습니다. 일부 환우 카페의 제휴 비용은 상상을 초월하니 옥석을 가려서 해야 합니다.

전국구로 환자가 모여 있고 가성비가 충분히 나오는 질환 및 환우 카페도 있지만 모든 병의원이 마케팅하기에는 아무런 성과가 없이 제휴 비용만 높은 곳도 있습니다. 실제 성과가 있는 카페가 어디인지는 경험 있는 광고대행사에 물어보시기를 바랍니다.

질환 중심 커뮤니티의 특징은 구성원들의 정보 공유가 매우 구체적이고 전문적이라는 점입니다. 환자들은 자신의 진료 경험, 치료 효과, 의료진의 전문성 등에 대해 상세하게 공유하며 이는 잠재적 환자들의 의료기관 선택에 직접적인 영향을 미치게 됩니다.

이러한 마케팅 활동을 할 때 주의해야 할 점은 커뮤니티의 규칙을 철저히 준수해야 합니다. 과도한 홍보나 스팸성 게시물은 오히려 질환 카페 내에서 부정적인 이미지를 줄 수 있고 선을 넘는 홍보는 광고비용을 지불했다고 하여도 사실상 운영진도 보호를 해주지 못합니다. 타병원의 공격을 받을 수 있으니 유의해야 합니다.

광고에 선택당하지 말고 선택하라!

보다 효과적인 광고 매체가 있음에도 불구하고 기존 방식만을 고수하고 있지는 않습니까? 광고 효과를 분석하지 않은 채 오랫동안 유지하며 지속해서 비용을 지출하고 있지는 않은가요? 광고매체 선택에 있어 흔한 오류 중 하나는 '관성적 선택'입니다. 한번 계약한 매체를 효과 분석 없이 지속해서 이용하는 경우가 이에 해당합니다.

신도시에 있는 모 의원의 경우 제가 방문했을 때 수년째 그 도시에 있는 경전철에 광고하고 있었습니다. 도시 전체를 커버해야 하는 상황에서, 실제 사람들이 많이 이용하는 것도 아니고 해당 도시 전체에 노출하지도 못하였기에, 선택할 이유가 있거나 중요한 매체는 아니었습니다. 원장님께서는 선택의 이유가 개원 초기였고 업체가 추천하였기 때문이었다고 하고, 업체는 추천의 이유가 가장 긴 시간 동안 계약이 가능하고 병원에서 중간에 광고를 취소할 가능성이 작으며 별달리 광고 취소의 변수가 없기 때문이라고 하였습니다.

반면에 해당 입지에서 지하철 광고, 특히 우리 쪽 출구 광고가 가장 중요한데 지하철 출구 광고를 한 번도 진행하지 않은 병원도 있었습니다. 만약 들어가고 싶은 지면이 있는데 그것이 경쟁 지면이라 다른 병원 때문에 현재는 못 들어가고 있다면 우리에게 연락을 달라고 말해 두고 항상 모니터링해야 합니다.

병원의 마케팅 전략에서 중요한 것은 단순히 광고를 집행하는 것이 아니라 의미 있는 광고 매체를 선택하는 것입니다. 광고비를 투입하는 만큼 환자 유입과 병원의 성장에 실질적인 영향을 미칠 수 있는 매체를 신중하게 선정해야 합니다. 많은 경우 마케팅 담당자나 광고대행사의 편의를 위한 선택일 수는 있으나 병원의 성장을 위한 최적의 결정이라고 보기 어려운 의사결정을 목격하고 있습니다.

미용 APP은 쿠팡과 같다, 자사 몰에서 팔아라

최근 많은 병의원이 의료 및 미용 관련 애플리케이션을 활용하여 환자를 유입하는 방식을 사용하고 있습니다. 새로운 환자들을 단기간에 모집하는 데는 유용하지만, 오랜 기간 병원의 성장을 책임질 수 있는 전략인지 장기적인 관점에서 지속 가능한지 점검해야 합니다.

의료 및 미용 APP은 저가 이벤트 중심의 마케팅을 유도하는 구조를 가지고 있습니다. 이러한 APP을 통해 유입된 환자는 병원의 서비스보다는 가격 경쟁력에 더 관심을 가지며, 일정 수준 이상의 가격 할인이나 추가 혜택이 없으면 우리 병원을 재방문하지 않는 경향이 강합니다. 이벤트성 프로모션이 주요 마케팅 방식으로 병원이 장기적이고 안정적인 수익을 창출하기 어려운 구조입니다. 지속적인 할인과 프로모션 제공, 플랫폼 수수료 등으로 인해 실질적인 수익성이 크게 저하될 수 있습니다.

혹시 지금 의료 및 미용 APP의 의존도가 지나치게 높지는 않은가요? 여기에 마케팅 예산이 매몰되어 있지는 않은가요? 해당 플랫폼에 지출하는 비용이 계속 증가하고 있지만, 과연 실질적인 병원의 브랜드 가치는 높아지고 있습니까? 한쪽 채널에 의존도가 너무 높다면 제대로 된 마케팅 포트폴리오를 구성하기가 쉽지 않습니다. 이를 전체 마케팅 전략의 일부로 활용하되 과도한 의존은 피해야 합니다.

병원의 마케팅 전략은 단기적인 환자 유입이 아니라 지속 가능한 환자 관리와 브랜드 구축에 초점을 맞춰야 합니다. 특정 APP에서 환자를 모집하는 방식은 초기에는 효과적일 수 있지만 장기적으로는 병원의 독립적인 마케팅 채널을 구축하지 못하고 외부 플랫폼에 의존하게 되는 구조를 만들 수 있습니다. 지나치게 이벤트 속성이 강한 미용 APP에 대한 의존도를 낮추고 자체적인 마케팅 채널을 구축할 필요가 있습니다.

리타기팅 광고는 반드시 집행하라!!

검색엔진이나 소셜미디어를 사용할 때, 최근에 쿠팡에서 사려다가 실제 사지 않은 제품이 여러분을 따라다니는 듯한 느낌의 광고를 보신적 있으신가요? 뉴스를 보거나 쇼핑할 때 SNS를 할 때도 나를 계속 따라서 광고가 노출됩니다. 이것을 리타기팅 광고라고 합니다. 리타기팅 광고는 병원마케팅에서 선택이 아닌 필수 요소입니다. 특히 비급여 진료의 비중이 높은 의료기관이라면 더욱 적극적인 도입과 활용이 필요합니다.

 수술과 같은 고비용 의료 서비스의 경우 환자들의 의사결정 기간이 수개월에 달하는 경우도 흔합니다. 이러한 상황에서 리타기팅 광고는 잠재 환자의 의식 속에 지속해서 의료기관의 존재감을 각인시키는 역할을 합니다.

가망 환자가 병원 선택의 의사결정을 하는 과정에 광고가 계속 끼어들어서 그들의 의사결정 속에 우리 병원이 들어가야 합니다. 최대 540일간 가망 환자를 따라다니는 리타기팅 광고는 간단한데 이것을 진행하시고 있나요? 유튜브 리타기팅 광고는 원장님의 영상을 100% 재생한 사람만 골라서 추가 광고도 가능합니다. 요즘 이 정도의 광고 옵션은 대부분 사용 중인데 이것을 사용하지 않는다면 상대적으로 여러분의 광고 마케팅 환경은 불리한 경우입니다.

DB 및 CPA 마케팅이 허상인 경우가 있다

마케팅 스타일은 퍼포먼스 마케팅 일변도인 병원, 브랜드 마케팅만 하는 병원, 브랜드와 퍼포먼스를 함께 하는 병원의 유형이 있습니다. 가장 리스크가 크다고 생각하는 유형은 퍼포먼스 마케팅 일변도의 병원입니다.

브랜딩 없이 퍼포먼스 마케팅만 하여서 성과가 나올 수 있을까요? 병원의 실무와 원장님이 퍼포먼스에 너무 집착하기에 성과가 안 나오는 것은 아닐까요? 실제 DB 마케팅이 우리 병원의 매출에 어떻게 기여하는지 체크해 보았나요? 혹시 현재 우리 병원은 퍼포먼스 마케팅만을 고집하며 브랜드 마케팅에는 소홀한 것은 아닌가요? 마케팅의 실체가 눈에 보이는 클릭 수, 상담 건수, 전환율 등의 숫자로만 육안으로 보이니 현재의 DB 마케팅 전략이 효과적이라고 착각하고 있지는 않습니까?

퍼포먼스 마케팅은 즉각적으로 확인할 수 있기 때문에 원장님과 병원의 마케팅 실무자들이 선호하는 경향이 있습니다. 일정 부분 효과가 있을 수 있으나 DB가 실질적인 환자로 전환되지 않거나 휘발성이 강하다면 병원의 장기적인 성장에는 기여하지 못하게 됩니다. DB 마케팅과 CPA 마케팅을 활용할 때 가장 큰 문제는 실제 환자의 전환율이 낮을 수 있다는 점입니다. 광고를 통해 많은 DB를 확보하더라도 이 DB가 실제로 병원의 매출에 기여하는지 객관적으로 평가해야 합니다.

강남 및 지하철 환승역과 같은 경쟁이 치열한 입지와 로컬 입지는 마케팅 방식이 달라야 합니다. 경쟁 입지에서는 다양한 병의원들이 같은 방식으로 DB 마케팅을 활용하고 있기 때문에 비용경쟁이 커지고 결국 낮은 가격을 제시하는 병원이 DB를 독점하는 구조가 형성될 가능성이 큽니다. 결국 DB 마케팅만을 선택하면 마케팅 예산을 가지고 끝까지 살아남은 병의원들의 승자독식입니다. 예를 들어 이커머스 가격전쟁에서 쿠팡과 아마존만이 살아남는 것과 유사합니다.

반면, 로컬 입지에서는 DB 마케팅이 효과적이지 않은 경우가 많습니다. 지역 내에서 병원을 선택하는 기준은 광고에서 본 정보가 아니라 지인 추천, 네이버 플레이스 리뷰, 커뮤니티 내 평가 등의 요소가 더 큰 영향을 미치기 때문입니다.

병원의 마케팅은 숫자로 보이는 성과만을 추구하는 것이 아니라 환자가 병원을 신뢰하고 선택할 수 있도록 만드는 것이 핵심입니다. 퍼포먼스 마케팅만으로는 병원의 지속적인 성장을 보장할 수 없으며 브랜드 마케팅과의 균형을 맞춰야 장기적인 경쟁력을 확보할 수 있습니다. 마케팅은 단기 성과와 장기 성장을 함께 고려해야 합니다.

지금 우리 병원이 DB 마케팅에 지나치게 의존하고 있다면 육안으로 보이는 DB가 양적인 만족과 안도감을 줄 수 있지만 허수와 휘발성에 갇혀 지속적인 성장을 놓칠 수 있습니다. 지역적 특성을 고려하십시오. 강남과 같은 경쟁이 치열한 지역과 로컬 지역의 마케팅 전략은 다르게 접근해야 합니다.

검색엔진 최적화는 필수!!

얼마나 자주 우리 병원의 이름을 검색해 보시나요? 네이버나 구글에 우리 병원의 이름으로 혹시 검색해 보시나요? 우리 병원의 이름으로 검색해도 우리 병원이 검색되지 않는 경우가 있습니다. 동일한 이름의 병의원이 있어서 뒤로 밀려난 것도 아닌데 이러한 일이 있다면 이것은 상당히 큰 문제입니다. 과거에는 검색 노출이 잘 되었는데 지금은 더 이상 되지 않는다면 이것도 문제입니다. 무엇이 원인일까요?

적어도 우리 병원의 이름으로 검색하였을 때는 검색이 되어야 하고, 마케팅을 제대로 하였다면 우리 병의원의 이름뿐만 아니라 '지역명 + 진료과 명'으로도 검색이 되어야 합니다. 기본 노출이 없는데 내부에서 그것을 모르고 있지는 않은가요? 최소한의 노출을 위한 기본 블로그 포스팅이나 콘텐츠 운영은 진행되어야 합니다.

병원 이름을 검색했을 때조차 검색되지 않는다면 이는 환자들이 병원에 대한 정보를 찾을 수 없다는 것을 의미하며, 곧 환자 유입의 감소로 이어질 가능성이 큽니다. 검색엔진 최적화는 의료기관 마케팅 기본 중의 기본입니다. 이는 단순한 기술적 작업이 아닌 의료기관의 온라인 존재감을 결정짓는 핵심 요소로 인식되어야 합니다.

검색 노출이 줄어든 이유는 여러 가지가 있을 수 있습니다. 블로그 운영을 중단했거나 새로운 콘텐츠가 업데이트되지 않았거나 체험 마케팅이나 리뷰 관리가 제대로 이루어지지 않았기 때문일 수 있습니다. 정기적인 모니터링과 개선 활동을 통해 최소한의 검색 노출은 반드시 확보되어야 할 것입니다.

PART 3.

☑ 원내 마케팅 점검

원내 마케팅담당자가 있는가?

원내 마케팅 담당자가 따로 있나요? 아니면 총괄실장이나 상담실장이 겸업하고 있나요? 혹시 마케팅을 전혀 모르는 사람이 경험과 방향성 없이 마케팅을 진행하고 있는 것은 아닌가요?

많은 의원의 경우 실제 마케팅 담당자가 아닌 직원이 마케팅에 대한 배경지식 없이 주관적으로 마케팅을 진행 중인 경우가 많이 있습니다. 주로 본인들이 평소에 사용자로 경험한 매체를 기반으로 광고하는 것을 자주 보는데, 이러한 광고매체 선택은 아무런 도움이 되지 않습니다.

이러한 경우 마케팅이 엉뚱한 방향으로 흘러가는 경우가 많이 있습니다. 혹시 지금 여러분의 병의원이 이러하지는 않은지 점검이 필요합니다. 중요한 것은 마케팅에 대하여

지식이 많고 적음이 아니라 마케팅 방향을 담당자의 개인적 선호에 의해서 엉뚱하게 흘러가지 않게 하는 것입니다.

적극적 상담을 하는 실장이 필수적이다

우리 병원 실장의 상담은 적극적이고 의욕이 있나요? 아니면 비적극적이고 수동적인가요? 실장의 상담에 대하여 모니터링하거나 고민해 본 적이 있나요? 마케팅의 최전방에는 광고가 있습니다. 그 뒤에 홈페이지가 있고 홈페이지와 진료 사이는 TM과 상담이 있습니다. 경우에 따라 TM이 없는 경우가 더 많지만, 상담은 있습니다.

광고는 잘 되고 있고 홈페이지에도 문의가 많은데 실상을 점검해 보면 사람이 문제인 경우가 많습니다. 결국 상담은 진행하는 사람의 노력, 태도, 방법의 문제입니다. 광고는 온라인으로 다가온 기회인데 이를 다루는 사람이 기회를 잡지 못하고 놓치는 경우를 많이 봅니다.

마케팅 미팅이나 계약하러 가서 실장을 함께 배석시키자

고 하거나 카카오톡 단체 대화방에 초대하여 소통하자고 말할 때 원장님이 실장이 함께하면 일이 되지 않을 것 같고 협조적이지 않을 것 같다고 말씀하시는 경우가 종종 있습니다. 내부 인원이 외부 인원과 협업하는 것이 잘 안 될 것 같다는 말은 무슨 말일까요? 이미 내부에서도 일이 잘 안되며 원장님께서도 그것을 알고 있지만 그냥 두고 있다는 의미입니다.

왜 비용을 들여서 마케팅하는 것일까요? 매출을 위해서 아닐까요? 외주비용까지 들여서 마케팅하는데 내부 인원이 문제가 있어서 외주 대행사와 함께하는 미팅에도 부르기가 애매한 정도이면 상황이 개선되어야 하지 않을까요? 일부 병의원은 이런 문제가 있다는 것을 원장님이 모르시는 경우도 많고, 알고 있지만 다른 이유에 의하여 그러한 인원을 데리고 가야 하는 경우도 많습니다. 하지만 성과를 위해서는 개선의 결정을 해야 합니다.

내부 마케팅에 의료법 교육을 해라!

내부 직원들이 의료광고, 의료법에 대해서 상식이 전혀 없는 것은 아닌지 체크해야 할 필요가 있습니다. 의료 심의 받은 광고 이외에도 다양한 콘텐츠를 생산해 내는 단계까지 간 일정 규모 이상의 병의원이라면 원내에서 기본적인 의료법, 특히 광고에서는 의료분쟁보다 의료법상의 유인행위와 과장광고에 대한 기본 지식은 반드시 있어야 합니다.

원장님과 직원들이 보건복지부의 가이드라인 자료를 보거나 유튜브를 보거나 검색하여 자료를 찾아보며 기본적인 스터디를 하는 것이 필요합니다. 이러한 지식이 없는 병의원의 경우에 마케팅의 진도가 더욱 느릴 수밖에 없는 것이 현실입니다. 보건복지부에서 발행한 의료광고 가이드 pdf 판 가이드북은 반드시 원장님과 직원들이 보실 것을 권장해 드립니다.

실장의 미흡한 상담에 고객은 부담을 느낀다

최근 경기 불황의 영향으로 구환에 대한 관리캠페인이 강화되고 있습니다. 방문한 구환들에게 실장들이 기존보다 단가가 높은 상품으로 업셀링을 시도하는데, 이에 대한 상담이 자연스럽지 못하여 발생하는 부정 이슈들이 많습니다. 구환들이 비급여 상품의 강요라고 생각하고 이 병원은 너무 돈만 밝힌다는 불만을 표출하거나 실망하여 더 이상 방문하지 않게 되는데 원내에서만 모르거나 늦게 발견하는 경우가 많습니다.

이런 소문이 퍼지고 난 뒤는 이미 환자들은 떠난 이후일 것입니다. 미리 관리가 되어야 합니다. 최근에 이런 경우가 많으니 반드시 주의하여야 합니다.

마케팅직원 채용을 신중하게 하라

최근에 마케팅 직원의 채용과 관련하여 크고 작은 사건사고가 있는 병의원이 많고 재판이나 노동부 분쟁까지 확대되는 경우도 있습니다. 대부분 채용 단계에서 해당 면접후보자에 대한 이력 체크가 제대로 되지 않았기 때문입니다. 병원마케팅 직원의 채용 과정에서 가장 중요한 요소는 해당 직원이 실제로 마케팅 업무를 수행할 수 있는 역량을 갖추고 있는지 검증하는 것이므로 이력서를 마케팅 업무를 이해하는 사람이 체크하는 것이 좋습니다.

현실에서는 제대로 된 이력 체크 없이 채용이 이루어지는 경우가 많고 이는 이후 병원의 마케팅 성과 저하와 내부 갈등으로 이어질 수 있습니다. 가장 좋지 않은 것은 인수인계나 정리가 되지 않고 퇴사하는 것입니다. 마케팅이 다시 리셋되고 퇴보하기 때문입니다.

마케팅 직원의 경력 검증이 제대로 이루어지고 있나요? 병원의 마케팅은 일반 기업의 마케팅과 다르기 때문에 의료 마케팅 경험이 있는 직원이 필요합니다. 이전 병원에서의 근무 이력을 확인하고 실제로 어떤 업무를 수행했는지를 구체적으로 질문해야 합니다. 이전에 근무한 병원이 어디였다는 것만으로 해당 인원이 검증되는 것은 절대 아닙니다.

마케팅 아이디어가 나올 분위기를 만들어라

여러 병의원을 방문하여 원장님과 실장, 마케팅 담당 등의 스텝들과 미팅을 해보면 모든 병원마다 소통 문화와 내부 분위기가 다릅니다. 경직된 병원의 경우 직원들이 원장, 광고대행사와 미팅을 진행하면서 단 한마디의 말도 하지 않은 채 미팅이 끝나지만 그렇지 않은 조직은 마케팅에 대하여 상당히 오픈되어 있으며 직원들이 적극적으로 참여하고 있습니다.

저의 마케팅에 대한 세계관은 열린 조직, 수용성이 높은 조직이 결국 마케팅의 결과를 흡수하여 결과와 성과를 낸다는 생각입니다. 마케팅이 효과적으로 이루어지려면 내부 구성원들이 마케팅을 병원의 중요한 성장 전략으로 인식하고 적극적인 소통이 필요합니다.

조직이 경직되어 있으면 마케팅전략이 원장님의 단독 결정에 의해 움직이는 구조가 됩니다. 직원들은 병원의 실제 운영을 가장 가까이에서 경험하는 사람들이지만 자신의 의견을 말할 수 없는 환경에서는 중요한 개선점이 누락될 가능성이 큽니다.

병원 내부에서 마케팅 개선아이디어가 나오지 않는 이유는 여러 가지가 있습니다.

첫째, 원장이 마케팅을 본인의 결정 사항으로만 인식하고 직원들의 의견을 반영하지 않는 경우 직원들이 아무리 좋은 아이디어를 가지고 있어도 제안할 기회가 없거나 제안하더라도 반영되지 않는다는 경험이 쌓이면서 결국 학습에 의해 침묵하게 됩니다.

둘째, 마케팅담당자나 실장이 원장의 기분을 지나치게 신경 쓰면서 새로운 시도를 하지 않으려는 경우도 많습니다. 원내 분위기가 보수적이거나 변화에 대한 거부감이 있는 경우 직원들은 기존 방식에서 벗어난 새로운 아이디어를 제안하는 것을 부담스러워하고 결국 정체된 마케팅전략이 반복됩니다.

셋째, 마케팅과 관련된 데이터분석이나 성과측정이 제대로 이루어지지 않아 내부에서 논의할 수 있는 객관적인 자료가 부족해서 무슨 말을 해야 할지를 모르는 경우도 있습니다.

마케팅에서 가장 중요한 것은 시장의 흐름을 이해하고

병원 내부의 개선점을 지속해서 반영하는 것입니다. 직원들이 실제로 환자들과 접촉하면서 느끼는 개선점들을 공유하고 이를 적극적으로 마케팅전략에 반영하는 병원이 결국 장기적인 성과를 내는 조직이 됩니다.

경직된 조직에서는 아무리 좋은 마케팅전략이 제시되더라도 이를 실질적인 성과로 연결하기가 어렵습니다. 구성원들의 소극적인 태도와 낮은 참여도는 마케팅활동의 효과를 크게 저해하며 결과적으로 투자 대비 성과가 낮아지는 결과를 초래합니다. 마케팅 성공을 위해서는 내부 소통문화의 개선이 선행되어야 합니다.

보수적 원내 마케터의 문제점

원장의 입장에서 마케팅은 너무 일을 벌여도 문제이며 너무 보수적이라도 문제입니다. 일을 벌이고 예산을 많이 쓰는 것도 문제이지만 확장 전략을 취하지 않고 새로운 일을 하지 않으며 무조건 비용 절감 전략으로 나가는 마케팅담당자도 문제입니다. 책임지지 않을 일만 하는 경우인데 이런 담당자가 실무를 하면 가속을 붙여서 매출을 올려야 하는 시점에도 업무 속도가 나오지 않습니다. 예를 들어 입사한 지 3개월이 넘었다면 전임자가 해결하지 못한 일은 모두 해결하고 새로운 프로젝트를 해야 할 시점인데 전임자 탓을 하며 진도도 나가지 못하는 경우입니다.

중간에 아무런 숫자와 관련된 보고는 하지 않고 결론만 보고하는 마케팅담당자가 많습니다. 새로운 마케팅 시도, 비용 사용내역, 홈페이지 방문자 수, 문의 전화 수, 내원 수, 매출 등을 모두 숫자로 보고 받아야 합니다. 중간의 숫자는 없고 매출만 보고받게 되면 아무런 인과관계를 해석할 수 없습니다. 그 결론이 노력의 결과인지 운인지 시즌의 영향인지 알 수가 없기에 별다른 대응도 할 수 없는 것입니다.

원장님께서 마케팅담당자를 신뢰하고 업무를 맡긴다고 하더라도 담당자의 업무 스타일에 따라 병원의 마케팅 성과는 극명하게 달라질 수 있습니다. 마케팅은 단순한 비용이 아니라 병원의 지속적인 성장을 위한 투자입니다. 그 투자는 효율적으로 사용될 때 비로소 의미를 가집니다.

마케팅담당자가 단순히 비용 절감에만 집중하는 것이 아니라 전략적인 확장을 함께 고려하는 균형 잡힌 마케팅을 수행할 수 있도록 관리해야 합니다. 마케팅담당자가 효과적인 전략을 수립하고 있는지 점검하고 명확한 성과 지표를 기반으로 한 보고 체계를 진행하도록 해야 합니다.

우리 마케팅담당자는 병원을 위해 일하는가?

예전에 비하여 병원 담당자의 윤리적인 문제나 마케팅담당자의 커미션과 관련된 금전적인 사고가 있는 경우는 이제 거의 없습니다. 제가 최근에 겪은 사례들은 병의원 마케팅실이 물리적으로 병원과 떨어져서 위치하거나 원장이 마케팅에 대하여 잘 알지 못하기 때문에 벌어지는 사고들입니다. 마케팅담당자가 실제 병원 일을 하지 않고 아르바이트나 본인의 사업을 하고 있거나 마케팅실 전체가 별도의 사업을 하는 큰 사고의 경우도 있었습니다.

 원장님! 진료부와 다르게 마케팅실은 관리가 안 되는 것은 아닌가요? 예산을 집행하는 부서인데 원장님의 컨트롤 아래에 있는 것이 맞나요? 진료 부서와 행정 부서만 챙기고 계시고 마케팅은 원장님께서 잘 모르기 때문에 챙기지 않으시는 것은 아닐까요? 마케팅실이 관리의 사각지대가 되기 쉽습니다. 관심을 두지 않으시면 마케팅담당자들이 병원의 방향성과 무관하게 독자적으로 움직이거나 원장의 방향을 몰라서 엉뚱하게 움직이거나 심지어 본연의 업무를 수행하지 않는 사례가 발생할 수 있습니다.

마케팅 부서는 예산을 집행하는 중요한 부서이지만 진료 부서나 행정 부서와 달리 원장님께서 직접 챙기지 않으면 방치되기 쉽습니다. 관심을 표현하시고 정기적인 마케팅 회의를 통해 현재 운영 중인 광고 전략을 점검하시기를 바랍니다. 우선 마케팅담당자의 업무 시간과 공간에 대한 명확한 기준을 설정해야 합니다. 마케팅실의 업무 환경과 업무, 그들의 근무 문화와 분위기를 주기적으로 점검하시는 것이 엉뚱한 길로 가는 것을 방지합니다.

왜 원내 마케터가 반복적으로 퇴사할까?

진료 부서와 달리 마케팅 담당으로 뽑은 직원은 지속해서 퇴사하고 근속이 짧지는 않나요? 마케팅 담당 직원이 겉돌지는 않나요? 마케팅담당자가 지속해서 퇴사하면 병원의 마케팅전략이 일관성을 유지하기 어렵습니다. 새롭게 채용된 직원이 기존의 마케팅 흐름을 제대로 이해하기도 전에 다시 퇴사가 반복되면 병원의 브랜딩과 광고효과는 연속성을 잃게 됩니다. 또한 매번 새로운 직원을 교육해야 하는 부담이 생기고 기존의 광고 데이터나 마케팅전략이 단절되면서 장기적인 마케팅 효과를 기대하기는 어려워집니다.

병원에서 흔히 발생하는 문제 중 하나는 마케팅담당자가 퇴사할 때 기존의 데이터와 히스토리가 남아 있지 않아 신규 담당자가 다시 처음부터 업무를 시작하는 상황이 반복되는 것입니다. 마케팅 히스토리를 체계적으로 문서화해야 합니다. 마케팅담당자가 어떤 광고를 운영했는지, 블로그와 SNS에서 어떤 콘텐츠를 제작했는지, 광고 예산과 성과는 어떻게 관리되었는지를 체계적으로 기록해야 합니다.

직원이 퇴사할 때마다 광고 계정이나 SNS 계정 관리가 원활하지 않아 마케팅 활동이 중단되는 사례가 많습니다. 직원이 퇴사하더라도 관리자가 직접 새로운 담당자에게 권한을 넘길 수 있도록 광고 계정, SNS 계정, 홈페이지 계정을 병원이 직접 관리해야 합니다. 네이버 광고, 구글 광고, 인스타그램, 유튜브, 홈페이지 관리자 계정 등의 접근 권한은 반드시 병원이나 원장이 가지고 있어야 합니다.

모든 것을 내부에서 해결하려 하기보다는 필요에 따라 전문성을 갖춘 외부 인력이나 기관의 도움을 받는 것도 효과적입니다. 외부 전문가나 에이전시와의 협력은 특히 그동안 진행해 보지 않았던 새로운 마케팅 채널을 시작할 때와 성과를 개선할 때 속도를 높여줍니다.

마케팅은 순차적이 아니라 병렬적으로 하라!

마케팅과 관련된 업무를 너무 순차적으로 접근하려는 시도를 많이 보게 됩니다. A가 끝나면 B를 하고 B가 끝나면

C를 하는 방식입니다. 블로그가 잘되면 인스타그램을 하고 인스타그램이 잘되면 유튜브를 하겠다고 생각합니다. 이러한 방식으로 접근하면 결국 블로그만 운영하다가 직원이 퇴사하고 유튜브는 시작도 못하고 블로그를 다시 처음부터 시작하는 악순환이 반복될 수 있습니다. 광고매체와 마케팅 채널을 순차적으로 도입하면 성장 속도가 현저히 느려지고 마케팅이 성장하지 않습니다.

병원의 마케팅은 단계적으로 하나씩 완성해 나가는 것이 아니라 병행하며 성과를 쌓아야 합니다. 동시에 여러 채널을 운영하며 각 채널이 서로 시너지를 내도록 지속해서 최적화하는 방식이 되어야 합니다. 블로그, 인스타그램, 유튜브, 광고, 홈페이지관리 등 모든 마케팅활동을 병행해서 운영해야 하는 이유는 마케팅채널 간의 상호작용이 있어야 효과가 극대화되기 때문입니다.

블로그에서 작성한 콘텐츠를 인스타그램으로 홍보하고 인스타그램에서 유입된 방문자를 유튜브로 유도하고 광고를 통해 다시 병원의 브랜딩을 강화하는 방식으로 연계해야 합니다. 요즘의 병원마케팅은 한 가지 채널에 의존할 수 없습니다.

직원들의 SNS 사용 가이드라인을 마련하라!

소셜미디어 시대에 우리는 모두 광고주이면서 동시에 소셜미디어 사용자이기도 합니다. 많은 원장님이 간과하는 것이 소셜미디어의 사용에 있어서 윤리성 문제입니다.

병의원의 경영에 있어서 블랙스완은 임직원이 근무시간에 공적인 신분으로 병원이라는 장소에서 부적절한 소셜미디어의 사용으로 오기도 합니다. 과거에 사람의 생명을 다루는 수술실에서 장난스러운 소셜미디어의 사용으로 사회적 문제가 된 병원들은 이미 셀 수 없이 많았고 그들은 온라인에서 여론의 역풍을 맞았습니다.

이 윤리성 문제는 큰 후폭풍을 불러올 수 있기에 원내에 기준이 있어야 합니다. 가장 좋은 것은 근무 시 본인의 근무 장소에서 병의원 운영 방향과 맞지 않는 소셜미디어의 사용을 금한다는 조항을 근로계약에 명기하고 매년 교육하는 것입니다.

마케팅은 지인과 친인척 말고 전문가에게 맡겨라

마케팅의 실패는 사람이 문제인 경우가 많습니다. 특히 믿을 만한 사람이 없어서 가족, 지인이나 친인척이 우리 병원 마케팅을 담당하는 경우가 있으며 이런 경우 사람을 믿기 때문에 일이 잘못되는 경우가 많습니다. 일이 잘못되고 난 뒤에야 전문가를 찾는 경우가 많은데 지금 우리 병원이 그런 상태는 아닌가요? 우리 병의원의 광고 마케팅을 맡은 사람이 실제 전문가가 맞나요?

마케팅은 고정비가 들어가는 일이라 냉정해야 합니다. 마케팅 실패의 대표적 원인의 하나는 전문성과 데이터 기반 운영의 부족입니다. 마케팅은 단순히 광고를 운영하는 것이 아니라 시장을 분석하여 타깃 고객을 설정하고 효과적인 전략을 지속해서 최적화하는 과정입니다.

마케팅 경험이 없는 지인이나 가족이 이를 맡게 되면 감각적인 판단이나 직관만으로 접근하는 경우가 많아 경쟁력이 떨어질 수밖에 없습니다. 특히 디지털 마케팅 환경은 빠르게 변화하고 있습니다. 비전문가나 비 경험자가 최신 트렌드를 반영하기 어려우며 광고 비용 대비 효과가 현저히 낮아질 수 있습니다.

이미 가족이나 지인에게 마케팅을 맡긴 상태라면 현재 병원의 마케팅이 효과적으로 운영되고 있는지 객관적으로 평가하는 과정이 필요합니다. 한 번의 잘못된 선택으로 인해 수개월 혹은 수년간 비효율적인 마케팅이 지속된다면 그 손실은 단순한 광고비 손실에 그치지 않고 병원의 성장 가능성을 제한하는 결과를 초래할 수 있습니다. 병원마케팅의 담당자로 지인을 선정할 때 냉정하게 '이 사람이 진정한 전문가인가?'라는 질문을 던져야 하며 그 답을 기반으로 의사결정을 내려야 합니다.

PART 4.
☑ 외부 마케팅 및 대행사 점검

여러 광고대행사의 제안을 필터링하라

복잡하게 생각하기가 귀찮아서 기존 광고대행사의 제안을 그대로 수용하고 있지 않나요? 지역의 광고대행사들은 본인들의 광고 상품에 고객을 끼워 맞추는 경우가 많습니다. 상품을 파는 사람은 본인이 판매하기 쉽고 마진이 많은 상품을 판매하기 마련입니다. 특히 주력상품이 1~2가지이면 더욱 그렇습니다.

문제가 생긴 병의원 마케팅을 뜯어보면 왜 이런 광고 상품을 선택하게 되었는지 의문이 생기는데 대부분 광고를 파는 광고대행업체의 이해와 편의 때문인 경우가 많았습니다. 대표적으로 네이버 플레이스 상위노출 상품, 블로그 상위노출, 노출 보장형 상품 등에서 이러한 일이 많습니다.

혹시 우리가 해당 상품에 몰입된 것은 아닌지 체크해 보시기 바랍니다.

병원에 최적화된 광고 상품인지, 아니면 일부 광고대행사의 판매 편의에 따라 선택된 광고 상품인지를 반드시 검토해야 합니다.

일부 광고대행사는 병원의 광고 효과보다 자신들의 이익을 우선으로 고려할 가능성이 있습니다. 병원의 광고 예산을 특정 상품에 할당하도록 유도하는데, 이 과정에서 마진이 높은 상품을 우선하여 추천하기도 합니다. 제안받은 광고 상품이 우리 병원의 목표와 맞는지 냉정히 평가해 보셔야 합니다.

외주 대행사에서 정기적 보고서를 받아라

매월 외주 광고 대행사에 일정 금액의 마케팅 비용을 지출하면서도 아무런 보고서나 미팅을 통한 피드백을 받지 못하고 있지는 않나요? 실제 제가 신규 병원 고객의 마케팅 미팅을 가보면 이런 사례가 많으며 원내에서 외주 광고대행사의 담당자가 누구인지 모르기도 합니다. 최초 계약할 때 이외에는 만나 본 적이 없고 전화를 해 본 적도 없으며 가끔 카톡을 주고받는 것이 전부인 케이스입니다.

제가 말씀드리는 기본적인 마케팅에 대한 원칙은 측정할 수 없다면 개선할 수 없다는 것입니다. 새로운 병원의 마케팅을 담당하게 되어 그간의 마케팅은 어떻게 진행하셨는지 보고서를 한번 보자고 말하면 지금까지 업체에서 받은 보고서가 없다는 경우가 많습니다. 왜일까요? 왜 광고성과를 측정하지 않고 결과를 전달하지 않는 것이 당연하였을까요? 현재의 마케팅 성과가 없다는 의심이 든다면 우선 이런 의문에서부터 출발하여야 합니다.

투자받은 MSO의 대행사가 실력이 있는가?

이것은 효율의 문제라고 말하기에 앞서서 사업구조와 이해관계의 문제입니다. 이러한 구조적인 문제로 병원마케팅의 성과가 저하 될 수 있습니다. 최근 흔히 회자하는 투자를 받은 병원의 구조를 보면 자본을 가진 측에서 건물을 보유하고, 의료인을 제외한 병원과 관련된 대부분을 해당 투자회사가 소유하고 있으며 마케팅 역시 해당 MSO에서 지정한 업체를 쓰는 구조들이 있습니다.

많은 병원의 경영을 관리하는 MSO 법인과 미팅을 해보면 실제 마케팅 노하우나 전담 조직이 없습니다. 병원의 부동산이나 회계나 관리, 운영에 대한 노하우는 직접 가지고 있지만 마케팅과 홈페이지 제작 등의 경험치는 없어서 실제 모두 외주체제로 가고 있습니다. 자신들이 관리하는 병의원에 영향력을 행사하고 일괄적인 컨트롤을 하기 위해서 마케팅까지 자신들이 담당하는 경우가 있습니다.

여기에는 큰 함정이 있습니다. 외부에서 자본과 운영 인프라 등 모든 것이 갖추어 있는 것처럼 보이지만 실제로는 마케팅은 외주로 분산되어 있어 시너지가 나지 않습니다. MSO에서 탈퇴하여 별도의 마케팅을 진행하게 된 병원의 업무 인수인계 미팅을 제가 진행해 보니, 바이럴 마케팅은 일산에 있고 홈페이지 업체는 부산에 있으며 광고업체는 강남에 있었습니다. MSO에서는 광고의 통합보고서만 모아서 병원에 넘겨주었을 뿐입니다. 이러한 경우 홈페이지 디자인 업체에 홈페이지 수정을 위해서 원본을 달라고 해보면 대부분 협조가 되지 않습니다. 제대로 된 계약이 없었기 때문입니다. 그런데 병원 전체의 헤게모니를 MSO에서 쥐고 있으니, 효율이 없는 마케팅이라도 병원은 그냥 따라간 것입니다.

영상 및 마케팅 업체가 병원 경험이 있는 업체인가?

유명한 병원에서 큰 비용으로 영상 제작 업체에 영상을 맡겼지만, 의료법 위반으로 과장성과 유인행위로 판단될 내용이 들어 있어서 영상을 쓰지 못하는 사고가 있었습니다. 바깥으로 알려지지 않았지만 이런 사고가 나는 경우는 많습니다.

병원마케팅의 소재들은일반 기업의 광고와는 달라야 하며 경험 있는 업체에 제작을 의뢰해야 합니다. 일반 기업과 동일하게 콘텐츠를 만들면 의료법을 위반하게 되는 경우가 많아 광고 용도로는 쓸 수 없습니다. 영상이 마케팅 소재 중에는 가장 비싸기 때문에 시나리오 단계부터 걸러내지 못한다면 제작 비용만 허비하게 됩니다.

일반적인 기업 광고는 소비자의 구매 욕구를 자극하고 강한 감성적 메시지를 전달하며 브랜드의 가치를 강조하는 방식으로 제작되지만 병원마케팅 영상은 의료법을 준수하면서도 환자들에게 신뢰를 줄 수 있는 방식으로 제작되어야 합니다.

영상 제작 단계에서부터 유인 행위로 간주할 수 있는 표현이나 과장된 내용이 포함되지 않도록 검토해야 합니다. 환자의 치료 전후 비교 영상, 치료 효과를 보장하는 표현, 특정 치료 방법의 우수성을 비교하는 내용 등은 법적 문제가 발생할 가능성이 있으므로 신중하게 접근해야 합니다.

가장 주의해야 할 점은 과장 광고와 유인 행위의 경계선입니다. 일반 기업의 마케팅에서는 허용되는 수준의 과장이나 감성적 접근도 의료 광고에서는 의료법 위반이 될 수 있습니다. 병원마케팅 경험이 있는 외주업체를 어떻게 선택하고 관리할 수 있을까요? 우선 업체의 과거 작업에 대한 레퍼런스를 요청해 보시기 바랍니다. 그리고 대화를 해

보시면 금방 알 수 있습니다.

왜 대행사와 원내 마케터는 싸울까?

어느 정도 규모가 있는 의원이나 병원을 경영하시는 원장님이시라면 전체를 관리하는 입장에서 광고대행사와 원내 마케팅 담당자를 볼 때 주목해야 할 포인트가 있습니다. 광고대행사가 새롭게 지정이 되면 원내 마케팅 담당자가 퇴사하거나, 원내 마케팅 담당자가 새로 입사하면 얼마 전에 선정된 광고대행사가 교체되는 경우가 있습니다. 담당자 교체나 광고대행사의 교체는 병원 입장에서 작은 일이 아닌데 왜 이런 일이 발생할까요?

원내 마케팅 담당자와 광고대행사는 새롭게 일을 담당하게 되면 빠른 시일 내에 병원과 원장님을 위해 실적을 증명해야 하는 상황이 됩니다. 이를 위해 기존의 비효율과 관습적으로 진행되던 마케팅 활동들을 그들이 성과를 낼 수 있는 방식으로 교체하는 작업을 하게 될 것입니다. 이러한 시기에 원장과 함께 설정한 목표는 동일하지만, 그 수단과 방법에 대해 서로 이견을 보이게 되면서 한쪽이 버티지 못하고 이탈하는 일이 발생합니다.

원장의 입장에서는 어렵게 채용한 내부 리소스인 원내마케팅과 외부 리소스인 외주 대행사를 잘 지켜보고, 다툼이 없도록 관리해야 합니다. 무엇이든 리셋이 되면 처음부터 해야 하므로 병원과 원장님의 입장에 있어서는 시간적인 손해이기 때문입니다. 따라서 큰 방향성은 원장님께서 양쪽의 의견을 들어 보시고 정해 주시고 각자의 영역에서 다툼이 없이 성과가 나오게 조율하셔야 합니다.

한가지 주목하여서 보아야 하는 포인트는 원내 마케터가 주니어인 경우, 또는 큰 병원 출신인 경우 범하기 쉬운 오류는 이전 근무병원에서 성공한 공식을 우리 병원에 그대로 대입하려는 경향이 있습니다. 그런데 이것이 서로 환경과 규모가 다르면 맞지 않기에 원장님께서는 원내 마케터의 주장을 잘 판단하실 필요가 있습니다.

CPS 업체에 의존하는 것은 위험하다

CPS는 Cost Per Sale의 약어로 마케팅이 계약까지 되었을 때 광고비를 지불하는 형태의 계약을 말합니다. 최근의 병원마케팅에서 비급여 진료에서 이러한 계약을 하는 치과나 미용 쪽 의원들을 많이 봅니다.

CPS 광고를 하는 외주 광고대행사의 구조는 병원 출신의 상담, TM, 마케터가 모여서 구성된 회사입니다. 자신들의 비용으로 광고해서 환자 정보를 모으고 상담 출신이 상품을 구성하고 TM이 전화로 내원하라고 상담을 진행합니다.

환자들은 병원에서 전화가 온 것으로 알지만, 아닙니다. 해당 진료과에 대한 지식이 있으니, 원격에서 병원이라고 하고 상담하면 환자들은 병원인지 아닌지 알 수 없습니다. 내원 일정이 잡히면 병원으로 전화해 내원 예약을 알려주는 형태입니다. 내원하여 실제 매출이 잡히면 CPS 업체에 병원은 수수료를 지급합니다.

이러한 형태의 마케팅 계약은 어떤 측면에서 보면 병원에 직접 마케터, 상담, TM을 정직원으로 두지 않아서 고정비가 적게 들고 원장님의 직원 관리 포인트가 낮아져 상담히 합리적으로 보이지만 실제로는 권장하지 않습니다. 이러한 형태의 마케팅은 해당 대행사와 거래를 중단하는 시점에 우리 의원의 의존도에 의한 큰 후유증을 가져올 수 있습니다.

마케팅과 상담은 지지고 볶아도 원내에서 지지고 볶아야 경험이 남습니다. CPS 광고대행사와 계약이 해지된 의원의 요청으로 미팅하러 가보면 일부 의원들은 원내에 아무런 마케팅과 상담역량이 남아 있지 않은 경우를 많이 봅니다. 왜 이렇게 되었을까요? 비용 절감과 성과만큼만 지불한다는 합리성에 치우쳐서 병원이 직접 가져야 할 경험을 버렸기 때문입니다.

광고 마케팅이 실패하더라도 경험과 통계는 남습니다. 이러한 통계는 남아서 우리가 다음 시도를 할 때 새로운 시도를 성공시킬 수 있도록 경험치를 제공합니다. 과정을 제외하고 결과만을 합리적인 가격으로 가져가겠다는 달콤한 유혹에서 벗어나야 합니다. 또한 이 방식의 환자 유치를 살펴보시면 의료법과 개인정보보호법 위반이라는 것을 알 수 있습니다.

PART 5.

☑ 마케팅 성과 및 아이템 점검

올드 미디어와 상위노출에 집착하는 원장인가?

마케팅의 비효율은 원장의 고집이나 선입견 때문인 경우가 많습니다. 경쟁 병의원들이 어떻게 하고 있는지 체크하거나 실장, 대행사나 주위의 조언을 받는 것이 아니라 원장님께서 선호하시고 개인적으로 좋아하는 매체에 광고하는 것은 아닌가요?

병원마케팅의 큰 걸림돌 중 하나는 원장님의 주관적 선호도가 성과에 기반한 마케팅 의사결정을 방해하는 현상입니다. 원장님이 좋아하시니까 그 방식으로 광고하는 것이 가장 뒤탈이 없고 문제가 없는 것을 직원들이 이미 알기에 이런 경우에 좋은 것이 좋은 게 되는 경우가 많습니다.

과거에는 환자들이 네이버에서 검색을 통해 병원을 찾

고, 검색광고와 블로그를 참고하는 방식이 일반적이었습니다. 하지만 비 검색 기반 광고 플랫폼의 영향력이 급격히 커지면서 병원을 찾는 방식도 변화하고 있습니다. 지금은 환자들이 SNS, 유튜브 영상, 커뮤니티 후기, 오픈채팅방 추천 등 다양한 경로를 활용하고 있습니다.

아직 상당수의 병의원이 지역 키워드와 질환 키워드를 지키기 위하여 검색광고와 상위노출에 과몰입, 과노출, 과지출을 하고 있습니다. 그러나 검색광고와 검색엔진 상위노출만으로 병원마케팅이 만족할 만한 수준의 성과가 나오지 않습니다. 그럼에도 과거에 성과가 나오던 시절을 생각하고 여기에 몰입되거나, 이러한 현상을 알고 마케팅 상품을 판매하는 광고대행사의 영업에 넘어가 몰입되는 경우도 아주 많습니다.

우리가 생각해 보아야 할 사안은 광고주가 아닌 우리가 사용자로서 과거처럼 검색광고와 검색엔진 상위노출로 정보를 얻고 있는가입니다. 사용자로서의 생활은 그렇지 않은데 광고주로서의 생각은 왜 과거에 머물러 있을까요? 이런 관성을 빨리 떨쳐 내어야 마케팅이 발전할 수 있습니다. 검색 마케팅은 여전히 중요한 채널이지만, 더 이상 절대적인 비중을 차지해서는 안 됩니다. 사용자로서의 매체 경험만으로 광고를 안다고 착각하는 '사용자로서의 경험'과 '광고 플랫폼의 효과'를 동일시하는 오류를 피해야 합니다.

원장이 마케팅 무용론에 빠지면 위험하다

현재 우리 병원은 기존의 성장 방식에 너무 의존하고 있지는 않은가요? 원장님의 경험을 기반으로 마케팅이 필요하지 않다고 판단하고 있지는 않은가요? 지금까지는 마케팅 의존도 없이 성장해 왔지만, 앞으로도 그러할 것이라는 보장이 있을까요? 이제는 기존의 관성을 벗어나 새로운 마케팅 전략을 고민해야 할 시점이 아닌가요?

성장에 성공한 병의원은 지금까지 병의원이 성장해 온 성장 기록, 성장 스타일에 집착하는 경향이 있습니다. 대표 원장이 일구어낸 성장의 단일 방법론에 몰입되어 있는 경우입니다. 각각의 병의원이 성장한 스토리는 모두 다르기에 원장은 대부분 실제로 본인이 성장한 방법론에 무게중심을 두기 마련입니다.

여러 병의원을 만나보면 병원의 성장스토리는 모두 다릅니다. 성적이 좋은 우등생들이 모두 같은 학원과 교재로 공부한 것 아니고 모든 부자가 같은 방식으로 성공한 것은 아닙니다. 우리 병의원이 지금까지 광고 마케팅, 홈페이지 등의 영향이 적었음에도 성장하였다고 가정할 때, 앞으로의 성장도 같은 방법으로 해야 할까요? 성장의 단계별 마케팅 운영은 달라야 합니다. 이에 대해 진지하게 고민해 보신 적이 있으신가요?

현재까지의 성장은 마케팅의 비중이 작고 소개 환자 위주로 성장을 하였지만, 더 성장하기 위해서는 현재의 성장 방법론으로는 되지 않겠다는 판단이 서는 경우가 많습니다. 입지 덕분으로 지금까지 성장해 왔는데 단순하게 입지만으로는 더 이상 성장하지 않을 것이라는 판단이 설 때도 있습니다. 광고 상품이나 홈페이지를 제대로 구성하거나 진료상품이나 마케팅을 바꾸면 성장할 것으로 보이는 경우가 많습니다.

원장이 관성으로 지금까지의 성장 방법론, 즉 본인의 방법론을 고집하여 광고 마케팅이 무용하다고 느끼고 아이템 개발과 광고 마케팅을 확장하는 방향으로는 성장을 추구하지 않는다면 더 이상의 성장은 어려울 수 있습니다.

병원이 지속해서 성장하기 위해서는 새로운 마케팅 전략을 적극적으로 도입하는 것이 필요합니다. 기존의 방식이 효과적이었다고 하더라도 시장 환경이 변하면 병원의 마케팅 운영 방식도 변화해야 합니다. 광고 마케팅이 무용하다고 생각하고 기존 방식만을 고집한다면 병원은 더 이상 성장할 수 없으며 경쟁 병원들에 비해 경쟁력을 잃게 될 가능성이 큽니다.

실제로 여러 지역에서 다양한 진료과의 성공적인 병원들을 보면 현재까지의 성장 방식만으로는 더 이상 성장이 어려울 것이라는 판단이 섰을 때 마케팅 전략을 변경하고 광고를 적극적으로 활용하면서 새로운 성장의 기회를 만들어가는 경우가 많았습니다.

모든 것을 내가 직접 해야 하는 원장인가?

모든 문안과 토씨 하나도 원장이 직접 지정하여야 하는 의원이 있습니다. 이러한 병의원은 진도가 빠르지 못합니다. 블로그도, 뉴스 기사도, 인스타그램도, 영상도 모두 원장이 직접 하거나 검수해야 하는 상황이라 모든 텍스트와 시안이 원장의 결제를 기다려야 하는 상황이라면 모두가 원장의 눈치를 보게 되어 제대로 진도를 나갈 수가 없습니다. 혹시 우리 병원이 그런 것은 아닌가요?

마케팅의 모든 과정에 원장이 직접 개입하고 세세한 부분까지 컨트롤한다면 마케팅 진행 속도가 현저히 느려지고 결국 병원의 성장에도 걸림돌이 될 수 있습니다. 마케팅의 성격상 '속도'가 중요한 콘텐츠도 많습니다. 계절별 프로모션, 최신 트렌드를 반영한 콘텐츠, 환자들이 관심을 가질 만한 실시간 이슈 등을 활용한 마케팅은 시의성이 중요합니다. 그러나 원장의 콘텐츠 승인 절차가 너무 까다롭거나 직접 작성하셔야 하는 구조라면 결국 적절한 타이밍을 놓쳐 효과를 반감시키게 됩니다. 방향과 속도 두 가지를 고려하시기를 바랍니다.

내 진료가 종교가 되어서는 안 된다

원장님의 고집으로 요즘은 진행하지 않거나, 경쟁력이 없거나, 유행이 지난 수술과 시술 방법을 고집하는 것은 아닌가요? 현재 우리가 밀고 있는 메인 진료가 사실은 오래전에 유행이 지난 진료는 아닌가요? 특정 진료에 원장님이 너무 집착하는 병원들이 있습니다. 이런 경우는 마케팅 성과가 나오지 않습니다.

주로 세대가 지난 의료기기, 약품, 주사제, 보형물, 실손보험과 관련된 진료와 같은 아이템을 계속 미는 경우인데, 실제 이것은 환자들보다 원장님의 선호가 많으며, 병의원의 경쟁력은 시장에서 밀리게 됩니다. 현재 그런 상황은 아닌가요?

유행이 지난 아이템은 환자의 마음을 움직이기 어렵습니다. 특정 진료나 치료법에 대한 원장님의 숙련도와 익숙함은 분명 중요한 요소이지만 이것이 의료 시장의 변화를 수용하지 않는 이유가 되어서는 안 됩니다. 실제 마케팅 현장에서 보면 구세대 진료 아이템을 고집하는 의료기관들의 마케팅 성과는 지속해서 하락하는 경향을 보입니다. 아무리 뛰어난 마케팅 전략을 수립하고 실행하더라도 시장에서 더 이상 선호되지 않는 진료 아이템으로는 성과를 내기 어렵습니다.

이는 특히 비급여 진료 영역에서 더욱 두드러집니다. 피부, 미용, 안과, 척추, 관절 등의 치료의 경우 새로운 기술과 제품이 지속해서 출시되면서 환자들의 선택 기준도 빠르게 변화하고 있습니다. 이러한 변화에 발맞추지 못한다면 점차 시장에서의 입지가 좁아질 수밖에 없습니다.

상급 입지가 모든 것을 해결하지 않는다

저는 여러 입지의 병원을 마케팅하고 경우에 따라 내원 환자 수와 매출 공유를 받기도 합니다. 이를 살펴보면 상당히 의외의 경우를 많이 보게 됩니다. 동일 진료과, 동일 원장의 수로 강남, 신사, 압구정, 청담 등의 상급 입지에서 과천, 수원, 동탄 등의 외부 입지보다 매출이 안 나오는 경우가 허다합니다. 강남과 외곽의 월세 차이를 고려하면 이 숫자는 상당히 심각하다고 생각합니다. 왜 이런 일이 일어날까요?

상급 입지가 일반적으로 상당히 매출에 유리하지만, 그것이 전부는 아닙니다. 그래서 우리 입지와 규모에 맞는 차별화된 마케팅이 중요합니다. 상급 입지일수록, 의료특구일수록, 경쟁이 치열한 지역일수록 권역 내의 병원 간 매출 편차는 극심하게 벌어집니다. 강남, 신사, 압구정, 청담 지역에 위치한 병원이라 하더라도 원장 1명당 매출이 월 수억 원인 곳도 있지만 1억이 안 되는 곳도 많습니다.

단순히 입지가 좋다고 해서 성공이 보장되는 것이 아니라 오히려 경쟁이 심한 환경에서는 병원 간 마케팅과 원장의 퍼스널 브랜드, 병원 브랜드에 따라 매출 격차가 더욱 극명한 편차가 나타나는 것이 현실입니다.

이러한 양극화 현상은 몇 가지 주요 요인에서 비롯됩니다.

첫째, 상급 입지에서는 병원의 기본적인 서비스 수준이 높기 때문에 단순한 의료 서비스 제공만으로는 차별화를 이루기 어렵습니다. 환자들은 기본적으로 수준 높은 의료

기술과 서비스를 기대하며, 그 이상을 제공하는 병원만이 경쟁에서 살아남을 수 있습니다. 환자들은 특정 병원을 선택할 때 단순히 거리나 접근성을 고려하는 것이 아니라 브랜드 가치, 의사의 인지도, 시설, 장비, 그리고 전반적인 서비스 경험까지 종합적으로 평가합니다. 따라서 같은 상급 상권에 위치한 병원이라도 마케팅과 운영 방식에 따라 성과 차이가 극명하게 갈릴 수밖에 없습니다.

둘째, 강남, 서초와 같은 경쟁이 치열한 지역에서는 '환자가 많다'는 사실이 병원의 매출 증가로 직결되지 않습니다. 유동 인구가 많다고 모두가 병원 고객이 되는 것은 아니며 선택권이 많은 만큼 환자는 더욱 신중하게 병원을 고릅니다. 이런 지역에서는 '첫 방문 환자 유입'만큼이나 '재방문율'과 '구환'이 중요합니다. 중심 상권일수록 환자의 선택지는 넓습니다.

셋째, 고정 비용 부담의 차이도 무시할 수 없습니다. 동일한 매출을 올리더라도 경쟁 상권과 외곽 지역의 비용 구조는 크게 다릅니다. 특히 임대료, 인건비, 마케팅 비용이 상대적으로 높은 권역에서는 일정 수준 이상의 매출이 유지되지 않으면 수익성이 악화할 수밖에 없습니다.

단순히 일정 수준의 매출을 올리는 것만으로는 부족하며 수익 구조를 최적화하는 전략이 필요합니다. 상급 입지는 분명 유리한 조건이지만 그것만으로 충분하지 않으며 오히려 더 큰 도전과 리스크가 함께 하므로 항상 차별화를 고민해야 합니다.

네거티브 마케팅에 위축되지 말라

경쟁 입지는 과거부터 그래왔지만, 최근에는 거의 모든 입지에서 경쟁병원들이 국민신문고, 보건소, 구청으로 민원을 넣어 병의원들이 이에 시달리고 있습니다. 이는 날이 갈수록 국가적으로 행정력의 손실이라는 생각이 들 정도로 심해지고 있습니다. 어떤 의료기관이라도 꼼꼼하게 따지고 들면 간판, 홈페이지, 블로그, 유튜브, 광고 등등 무엇이든 의료법에 조금이라도 전혀 걸리지 않을 수는 없습니다.

 경쟁 입지와 로컬 입지를 떠나 이러한 공격은 날이 갈수록 심해지고 있습니다. 본인의 의료기관을 잘되게 하는 것이 더 생산적이고 현명한 일일 텐데 그렇게 생각하지 못하고 왜 이러한 비생산적인 남의 병원을 신고하는 전쟁을 계속하고 있을까요? 민원에 의해 우리는 블로그와 홈페이지, 광고와 간판을 변경해야 하는 수고를 해야 합니다.

문제는 이런 민원이 한 번에 그치지 않고 하나씩 시간을 두고 사람을 괴롭히듯이 계속 온다는 것입니다. 이렇게 계속 오는 민원이 발생하면 원장은 신경이 쓰이게 되며 원내 마케팅과 외주 대행사는 이 민원을 처리하기 위해 시간적, 인적 리소스를 쓰게 됩니다.

실제 마케팅을 할 수 없고 다른 일에 시간을 쓰게 되며 원장은 보건소에서 전화와 메일을 받고 위축되고 원내 담당과 광고대행사에도 민원을 받지 않도록 보수적인 접근을 하라고 지시하게 됩니다. 이쯤 되면 상대방의 전략대로 된 것입니다. 상대방의 전략은 우리가 자기 검열을 하고 적극적이며 창의적인 마케팅 활동을 하지 못하게 하는 것이 목적입니다.

아직 이런 일을 겪지 않았다면 모르시겠지만, 적극적인 마케팅 활동을 하다 보면 전국 어디에서든 발생하는 일입니다. 어떻게 해야 할까요? 이런 일은 미리 대비해야 합니다. 어떻게 미리 대비가 가능할까요? 비가 올 때 미리 피해

갈 수 있도록 우산을 준비해 두어야 합니다. 의료 심의를 미리 받아 두어야 비심의로 인한 의료민원 이슈가 있을 때 의료 심의를 받은 소재로만 광고를 집행하고 광고를 계속할 수 있습니다.

블랙스완에 대비하라

블랙스완이란, 아무도 예측하지 못한 이례적인 사건, 전혀 예상할 수 없던 일들이 실제로 일어나는 경우를 말합니다. 경제 분야에서 IMF, 리먼 브러더스, 서브프라임 모기지사태, 유류파동 사태가 있었던 것처럼 병의원 운영에서도 이러한 큰 충격과 매출 하락의 파문을 던져주는 사건 사고들이 잦았습니다. 신이 아닌 이상, 아무도 의료계에서 이 블랙스완의 시기를 예상할 수는 없습니다.

  병의원 경영에서도 이러한 블랙스완은 일정 주기로 항상 있었고 이러한 때에 많은 병의원이 폐업하는 것을 지켜보아 왔습니다. 코로나, 메르스, 사드, 한중갈등 등으로 갑작스레 해외 환자가 오지 않거나 가슴 보형물에서 발암물

질 발견으로 가슴성형외과에 환자가 끊기는 등 여러 가지 블랙스완이 있었습니다. 과거를 돌아보면 비급여 분야, 실손보험과 관련된 분야, 정부정책과 관련된 분야, 해외환자와 관련된 분야, 경기 상황과 관련된 분야에서 병의원 업계에 예기치 못한 블랙스완이 있었습니다.

현실적으로 블랙스완에 100% 대비하는 것은 불가능합니다. 하지만 피해를 줄이거나 어느 정도 회피하며 이 시기를 슬기롭게 지나갈 수 있는 대비책은 분명히 있습니다. 전통적인 투자 격언 중에 '계란을 한 바구니에 담지 말라.'는 말이 있습니다. 이것은 병의원 경영과 브랜딩에서도 예외는 아닙니다. 투자 원칙처럼 지난 시간 동안 의료업계의 블랙스완에 있어서 진료과목의 분산과 병원 브랜드의 성장에 의해서 블랙스완을 무난하게 버티고 위험 구간을 돌파하며 성장한 여러 병의원을 보아왔습니다.

이러한 병의원은 보통 몇 가지 특징을 가지고 있습니다. 성인 진료와 청소년 진료, 외래와 수술, 노인 진료와 성인 진료나 소아 진료, 국내 환자와 해외환자, 근거리 환자와 원거리 환자의 조합으로 포트폴리오를 구성한 병의원들이 비교적 이 시기에 강한 면을 보이는 것을 볼 수 있습니다.

시그니처 진료가 있는가?

차별화 진료 없이 무작정 마케팅하는 것은 아닌가요? 우리의 주력 진료가 무엇인가요? 원장님도 정한 바 없고 실장들도 모르고 있나요? 모두가 동일한 메뉴를 팔고 있는데 우리도 같은 메뉴를 비슷하게 판매한다면 그것을 광고에 올려서는 성과가 나오기 어렵습니다. 성과가 나오기 어려운 경쟁 상황에서 아무런 차별화 없이 광고하는 것은 아닌가요? '써마지 300샷 70만원, 스마일 라식 49% 할인, 오스템 임플란트 정품 45만원, 원장단 전원 서울대', 단순하게 이렇게만 광고해서는 남들보다 높은 광고 성과가 나오기 어렵습니다.

우리 병의원만의 차별화와 가치, 의미를 단어와 문장으로 네이밍하고, 그것을 변리사를 통해 상표권 등록하는 시그니처 마케팅이 최근에 많이 진행되고 있습니다. 광고는 유니크할 때 가장 높은 성과가 나온다는 관점에서 바람직한 시도입니다. 우리 병의원은 이러한 시도를 하고 있나요?

시그니처 진료는 발명이 아니다

저는 마케팅을 로켓과 같은 기술이라고 생각하고 있습니다. 로켓은 중력을 이기고 탄두를 싣고 대기권 밖으로 나아가는 기술입니다. 마케팅 업체가 홍보할 아이템은 원내에서 제공하는 탄두입니다. 핵을 탑재하면 핵미사일, 화학탄두를 탑재하면 화학 미사일이 될 것입니다.

완전히 새로운 진료나 발명하려 하지 말고, 기존 진료에 우리 병의원만의 새로운 가치와 의미를 투영해 보시기 바랍니다. 그리고 그 새로운 가치에 의미와 이름을 붙여 보시고 그것을 디자인하여 광고대행사가 쏘아 올리는 마케팅이라는 로켓에 실어서 대기권 밖으로 보내시기를 바랍니다.

현재 우리 병원의 마케팅 전략은 기존의 진료를 홍보하는 것에 그치고 있지는 않나요? 환자들에게 "우리 병원의 이 치료는 특별합니다."라고 말할 수 있는 차별화된 요소가 정리되어 있나요? '같은 진료를 더 저렴하게 제공합니다.'라는 방식으로만 마케팅하고 있지는 않습니까? 단순하게 이번 달에는 이런 가격 이벤트를 한다고만 홍보하는 것은 아닌가요? 물론 이것을 규칙적으로 잘하는 것도 아주 훌륭합니다. 혹시 아직도 '차별화된 진료'라고 하면 완전히 새로운 의료 기술을 개발해야 한다고 부담을 느끼고 계십니까?

기존의 진료를 어떻게 병원만의 방식으로 재해석하고 새로운 가치와 의미를 부여할 것인가가 중요한 요소입니다. 예를 들어 일반적인 도수치료에 환자의 생활 패턴과 직업적 특성을 고려한 맞춤형 운동 처방을 결합하거나 기본적인 피부 관리에 원장님만의 독특한 테크닉이나 노하우를 접목하는 것도 하나의 방법이 될 수 있습니다.

차별화된 접근에 적절한 네이밍과 스토리텔링을 더하면 그것이 바로 시그니처 진료가 되는 것입니다. 병원의 마케팅은 단순히 기존의 진료를 홍보하는 것이 아니라 그 진료에 새로운 가치를 더하고 이를 효과적으로 전달하는 과정입니다. 병원의 경쟁력을 높이기 위해서는 '우리는 이 시술을 합니다.'가 아니라 '우리 병원의 이 시술은 이렇게 다릅니다.'라는 메시지를 환자들에게 전달할 수 있어야 합니다.

병원이라는 단체 홍보에 과몰입하지 말 것

우리 병의원이 크지 않다면 환자는 결국 병원이라는 단체나 기관이 아닌 원장님에 대한 신뢰로 우리를 찾아올 텐데 현재 진행 중인 마케팅 항목에 원장님은 없고 병원이라는 단체만을 홍보하고 있지 않나요?

병원은 이전하거나 없어져도 종국에 원장은 계속 남습니다. 마케팅 방식이 단체를 홍보하는데 몰입되어 있지 않은가요? 특히 의원급과 2차 병원은 대표원장이 홍보되어야 합니다. 1,2차 의료기관에서는 병의원 대표원장의 개인 브랜딩이 가장 병원 홍보에 큰 영향을 미치고 있습니다. 반드시 원장님도 함께 홍보해야 합니다. 우리의 마케팅 실행 내용에 원장님 퍼스널 브랜딩이 있나요?

마케팅에 있어서 새삼스러움은 없다

현재의 성장에 만족하고 계신가요? 개원 이후에 몇번의 블랙스완을 만나셨나요? 메르스, 코로나, 금융위기, 경기침체, 블랙컨슈머의 출현, 직원들의 집단 퇴사 등 원장님께서 열심히 하시는 것과 무관하게 우리의 성장과 현상 유지를 위협하는 변수는 긴 시간이 흘러갈수록 더 많이 나타납니다. 이러한 위협적인 변수가 도사리고 있고 침체 구간이 올지도 모르는 상황에서 어떤 시선을 가지고 병원의 마케팅에 접근해야 할까요?

"지금까지 마케팅 없이 잘했는데 뭘 새삼스럽게?"라는 말을 자주 듣습니다. "상권 내 재방문율이 높아서 개원 5년까지는 아무 마케팅 활동도 안 했는데 작년부터 매출감소세가 두드려져서 새로운 장비도 도입하고 변화를 추진하고 있지만 매출은 변화가 없습니다. 어떻게 할까요?" 이런 질문을 많이 듣습니다.

달리기할 때 1등 했다는 관점 말고 기록에 대해서 항상 생각해 보아야 합니다. 더 좋은 운동화를 신고 달렸다면 더 좋은 성과가 나올 수 있었을지 모릅니다. 지금까지 나의 체력만 믿거나 훈련만으로 달려왔다면 더 좋은 운동화를 신고 달려서 2등과의 격차를 벌리고 시간을 벌 기회는 놓친 것이 자명하지 않을까요? 격차를 벌릴 수 있을 때 벌려 두어야 합니다. 우리의 경쟁상대는 동일 진료과만이 아니라 상권 내 양한방, 헬스클럽, 건강식품 판매 등 수많은 변수일 수 있습니다.

외부 환경 변화가 병원의 성장을 위협할 수 있습니다. 아무리 좋은 의료 서비스를 제공하더라도 외부 환경이 변화하면 기존의 성장 모델이 더 이상 유효하지 않을 수 있습니다. 환자들의 자연 유입으로만 충분했던 병원들도 이제는 디지털 환경에서 경쟁력을 확보해야 하는 상황에 놓여 있습니다. 만약 병원의 마케팅이 단순히 기존 환자의 재방문에만 의존하고 있다면 어느 순간 새로운 환자 유입이 줄어들고 매출 감소가 발생할 가능성이 매우 높습니다. 경쟁 병원의 마케팅 활동이 지역 내에서 강화되면서 기존 환자들이 이탈하는 경우가 많습니다.

권역 내 새로운 의원의 출현으로 상권 자체가 바뀌는 모습을 자주 봅니다. 과거에는 병원 간의 경쟁이 단순히 동일 진료과 내에서만 이루어졌지만, 이제는 경쟁의 범위가 훨씬 넓어지고 있습니다. 과거에는 비슷한 진료과목의 병원들끼리 경쟁하는 구조였다면 이제는 건강과 미용을 중심으로 한 다양한 업종들이 병원의 경쟁 상대가 될 수 있습니다. 한의원과 통증의학과, 피부과와 에스테틱 클리닉, 비만 전문의원과 헬스클럽이 같은 고객층을 두고 경쟁하는 경우가 많아졌습니다.

경쟁 병원들은 점점 더 정교한 마케팅 전략을 활용하고 있습니다. 소셜미디어를 적극적으로 운영하고 환자 후기 마케팅을 강화하며 유튜브를 통해 병원의 진료 철학을 공유하는 등 디지털 마케팅을 적극적으로 활용하고 있습니다. 중요한 것은 '상대적 성과'가 아닌 '절대적 성과'를 바라보는 시각입니다. 현재 1등이라는 사실보다는 우리가 달성할 수 있는 최대 잠재 성과에 얼마나 근접해 있는지를 고민해야 합니다. 이는 곧 위기 상황에서 극복할 시간을 버는 도구로 활용할 수 있을 것입니다. '지금까지 마케팅 없이 잘했다.'는 사실이 미래의 성공을 보장하지 않습니다.

마케팅은 아이템을 이길 수 없다

모든 병의원이 마케팅에 관심을 가지고 있고 마케팅에 열을 올리고 있습니다. 그런데 저의 병원마케팅 경험에 의하면, 마케팅은 아이템을 이기지 못합니다. 같은 광고 예산을 사용하더라도 A라는 아이템은 1%의 클릭률, B라는 아이템은 5%의 클릭률이 나올 수 있습니다. 이 말은 동일한 광고 예산으로 B라는 아이템을 광고하는 것이 5배의 성과를 낼 수 있다는 말입니다.

현재 우리 병원은 마케팅을 강조하는 데 집중한 나머지 정작 진료 아이템의 경쟁력을 점검하는 과정에 소홀해지고 있지는 않습니까? 마케팅 전략 자체보다도 진료 아이템의 경쟁력이 우선되어야 합니다. 마케팅이 아무리 뛰어나더라도 환자들이 실제로 원하는 진료 서비스나 차별화된 아이템이 없다면 마케팅의 효과는 제한적일 수밖에 없습니다.

마케팅의 효과를 극대화하기 위해서는 단순히 광고를 집행하는 것이 아니라 병원에서 제공하는 서비스 자체가 시장에서 얼마나 차별화될 수 있는지 고민하는 것이 먼저입니다. 환자들이 관심을 가질 만한 아이템이 먼저 준비되어 있어야 합니다. 마케팅 대행사를 만날 때 "알아서 해주세요." 나 "이런 매체에 광고하고 싶다."고 말씀하시는 것보다 진료 차별화 아이템에 대해 먼저 논의하시는 것이 더 좋습니다. 그 정도 수준의 대화가 되는 외주 대행사를 찾으시기를 바랍니다.

 병원의 마케팅 전략을 수립할 때 광고 도구에 대한 논의만을 집중적으로 진행하는 경우가 많습니다. 많은 원장님이 광고 대행사와 미팅을 할 때, "광고를 어떻게 운영해야 합니까?", "어떤 매체를 활용해야 합니까?", "우리가 지금 A라는 광고를 안 해서 문제일까요?"라는 질문을 던지지만 정작 중요한 것은 '우리 병원은 어떤 진료를 마케팅해야 효과적인가?'를 먼저 고민하는 것입니다. 분명히 새로운 광고를 도입하는 것만으로 1차 성장은 가능합니다. 그러나 더 높은 성과를 위해서는 아이템의 본질 개선이 필요합니다. 대부분의 광고 대행사는 마케팅 도구를 제공할 수 있지만 병원의 경쟁력을 높일 수 있는 진료 아이템을 개발하는 것도 함께 논의할 경험 있는 광고대행사를 만날 수 있으면 좋습니다.

성과에 대한 책임회피가 없는가?

보통 병원의 매출실적에 대한 책임이 있는 사람은 원장, 원내 광고 담당자, 외주 광고대행사, 내부 TM 담당, 원내 상담 담당자입니다. 매출이 좋고 모든 것이 정상적으로 돌아갈 때는 평화롭지만 문제가 생겨서 원장이 원인 파악을 하려고 할 때는 각 주체가 모두 다른 반응과 각자의 이유를 말하게 됩니다. 상대방을 탓하는 경우가 많습니다. 문제는 원장도 이렇게 되면 원인 파악을 할 수 없다는 것입니다.

평소에 각 마케팅의 주체는 서로 상대가 무슨 일을 하고 있는지, 어떤 캠페인으로 광고하고 있는지, 대면 상담과 전화 상담에는 어떠한 문제가 있는지 서로 소통해야 합니다. 병의원의 규모가 작지 않다면 이러한 매출과 관련된 주체가 모여서 미팅하는 시간을 만들어야 합니다.

원장만 모르는 비밀, 위생과 인테리어

'병원의 인테리어가 너무 노후화되었다, 수액실과 도수 치료실이 지저분하다, 시트에 혈흔이 있다.' 등등은 흔히 나오는 고객 불만 사항입니다. 저 역시 병원을 업무상 거의 매일 출입하는 사람이라 저의 눈에도 이런 것이 보이는데 이것을 내부 구성원들은 모르는 병원들이 있습니다.

 부부가 운영하는 병원인데 이 문제를 다른 모든 사람은 심각하게 생각하고 원장 부부만 심각하게 생각하지 않는 경우도 있었습니다. 교수님이 개원하신 병원이라 병원 분위기가 너무 학구적이고, 경쟁 입지 임에도 인테리어에 전혀 신경 쓰지 않는 병원도 많습니다. 저는 원장님께 어떻게 개선 말씀을 드려야 할지, 혹시 기분 나빠 하시지 않을지 고민을 오랫동안 하였습니다. 이런 내부의 무관심이 광고 홍보의 효과를 떨어뜨립니다.

 사실을 말하는 사람은 없고 원장은 사실을 모르는 이러한 문제는 누군가는 직언해야 합니다. 이것은 저와 같은 병원을 출입하는 외부인의 직언으로 해결될 요소는 아닙니다. 이는 대부분 시스템적으로 걸러낼 장치가 없기 때문에 발생하는 일입니다. 이러한 문제를 방지하기 위해서는 병원의 환경을 객관적으로 점검하는 시스템이 필요합니다. 환자나 직원들의 피드백을 수집할 수 있는 내부 관리 프로세스를 구축하는 것이 필요합니다.

가장 효과적인 방법의 하나는 환자 경험에 대한 정기적인 내부 평가를 실시하는 것입니다. 환자 대기 공간, 수액실, 치료실, 화장실 등의 위생 상태를 체크하는 체크리스트를 만들고 직원들이 주기적으로 점검할 수 있도록 시스템을 마련해야 합니다. 병원의 청결 상태와 인테리어는 단순한 미적 요소가 아니라 환자들의 신뢰를 유지하는 중요한 요소입니다. 원장이 이를 중요하게 여겨야 합니다. 환자들이 경쟁 병원으로 이동할 여지를 주면 안 됩니다.

특히 요즘 환자들은 SNS나 온라인 리뷰를 통해 병원의 청결 상태와 내부 환경에 대한 정보를 공유하는 경우가 많기 때문에 위생 관리와 인테리어 개선은 더 이상 선택이 아닌 필수적인 요소입니다. 병원의 운영에서 중요한 것은 진료의 질뿐만 아니라 환자가 병원을 방문했을 때 느끼는 전반적인 경험입니다.

병원의 위생 상태와 인테리어를 객관적으로 점검하고 환자들이 불편을 느끼지 않도록 지속해서 개선해 나가는 것이 병원의 신뢰도를 높이는 핵심적인 요소가 될 것입니다. 외주 마케팅 업체인 제가 이런 말씀을 드리는 이유는 위생 상태와 인테리어가 병원의 평판과 직결되는 중요한 요소이고 평판이 나쁜 병원이 마케팅 성과가 가장 나오지 않는 병원이기 때문입니다.

조직문화가 올드한가?

여러 병원의 마케팅과 컨설팅을 하다 보면 늙은 조직, 느린 조직, 민첩성이 떨어진 조직을 많이 보게 됩니다. 주로 조직이 성장한 2차 병원이 많은데, 의원에서부터 출발하여 병원이 된 경우 원장 주도로 의원 시절에 가졌던 조직의 민첩한 수용성과 움직임은 대부분 병원급이 된 이후에는 사라지고 맙니다.

새로운 마케팅 기법과 매체를 수용하지 않고 느린 조직, 수동적 조직이 되는 경우가 많습니다. 개원 초기에 가지고 있던 빠른 의사결정과 유연한 대응력, 새로운 마케팅 기법에 대한 적극적인 수용 태도가 병원이 성장기에 접어들면서 점차 사라지는 경향이 있습니다.

개원초기에는 원장님이 직접 모든 것을 챙기고 능동적으로 변화시키지만, 병원의 조직이 커질수록 의사결정 과정이 복잡해집니다. 의원 시절, 원장 수가 적었던 시기에는 효과적인 마케팅 방법을 고민하고 시장의 흐름을 적극적으로 받아들이던 조직이었지만, 병원급이 되거나 성장한 이후에는 조직의 움직임이 둔해지고 새로운 시도를 거부하는 분위기가 형성되면서 마케팅이 정체되는 경우가 많습니다.

올드한 조직 문화가 자리 잡은 병원은 몇 가지 공통적인 특징을 보입니다.

첫째, 새로운 마케팅 기법과 매체를 수용하지 않는 경향이 강합니다. 디지털 마케팅이 중심이 되는 시대에도 불구하고 전통적인 마케팅 방식에 의존하고 기존에 해오던 방식에서 벗어나지 않으려는 관성이 많습니다. 유튜브, 인스타그램, 틱톡과 같은 최신 마케팅 플랫폼이 등장했지만, 아직도 지면 광고나 전단, 전통적인 네이버 블로그 마케팅에만 의존하려는 모습을 보입니다.

둘째, 병원 내부의 의사결정 속도가 지나치게 느려지고 마케팅 전략의 변화가 신속하게 이루어지지 않습니다. 규모가 작던 시절에 원장님이 빠르게 결정하고 실행하던 방식이었지만 성장하며 여러 부서와 관리체계가 복잡해지고 의사결정 과정이 길어지는 경우가 많습니다. 광고를 새롭게 기획하거나 마케팅 방향을 변경할 때 지나치게 많은 승인 절차와 내부 조율이 필요해 실행 속도가 현저히 느려지고 타이밍을 놓치게 됩니다.

셋째, 마케팅이 수동적인 방식으로 운영되면서 효과적인 전략을 스스로 만들어가지 못합니다. 의원급에서는 시장 상황과 환자의 반응을 보면서 빠르게 마케팅 전략을 수정하고 최적화하는 능동적인 방식으로 운영했지만, 기존 방식 그대로 운영하는 수동적인 형태로 굳어지는 경우가 많습니다. 마케팅 담당자는 단순히 광고를 집행하는 역할에 머물고 자체적으로 데이터를 분석하고 개선하는 시스템이 부족한 경우가 많습니다.

넷째, 내부 직원들이 새로운 시도를 제안하거나 변화를 시도할 수 있는 환경이 조성되지 않습니다. 조직이 커지면서 위계가 강해지고 마케팅 담당자나 실무자들이 새로운 전략을 제안하기가 어려운 분위기가 형성됩니다. 병원의 의사결정 구조가 원장 중심에서 여러 실무 부서로 나뉘면서 오히려 책임 소재가 명확하지 않아 새로운 시도를 하지 않으려는 경향이 강해집니다.

올드한 조직 문화에서 벗어나기 위해서는 병원의 마케팅 전략이 시장 변화에 맞게 지속해서 최적화될 수 있도록 내부 시스템을 재정비하는 것이 필수적입니다. 마케팅 의사결정 과정을 간소화하고 새로운 마케팅 기법을 적극적으로 도입할 수 있는 환경을 조성해야 합니다.

모 병원을 컨설팅하고 광고 대행을 할 때 홈페이지에 문제가 있다는 것을 발견하고 마케팅 담당자까지 동의하였지만, 조직 내 누구도 홈페이지 리뉴얼 프로젝트를 하자고 말하지 않았습니다. 저는 해당 병원이 다수결이나 여론을 중요하게 여긴다고 생각해서 전 직원 무기명 설문조사를 하였고 설문조사 결과에 홈페이지를 바꾸어야 한다는 결론이 나오고 나서야 추진한 케이스가 있습니다.

수동적인 마케팅 담당자들에게는 명분이 중요합니다. 성장한 후에는 조직의 관료화와 함께 혁신적인 마케팅 시도가 이렇게 어려워지는 현상이 자주 발생합니다. 리스크 회피 성향의 증가와 의사결정 구조의 복잡성으로 결국 마케팅은 정체됩니다.

마케팅 예산의 편향성이 없는가?

마케팅 예산이 포트폴리오를 구성하여 적절하게 배분되고 있나요? 아니면 특정한 매체에 올인이 되고 있나요? 올인이 되는 매체가 혹시 원장님께서 선호하시는 매체가 아닌가요? 마케팅 예산이 월 100~200만원을 넘어서는 순간 우리 병의원에 적절한 매체의 포트폴리오 구성을 고민해야 합니다.

로컬 입지에서 상가를 기반으로 배후 아파트나 거주 입지에서 의원을 운영한다면, 가장 기본적인 매체는 네이버 플레이스와 블로그일 것입니다. 로컬 입지를 벗어나고 반경이 커질수록 네이버 키워드 광고, 소셜미디어, 유튜브 등의 도달과 영상 중심의 광고로 매체가 확장될 것입니다.

소셜미디어 마케팅은 병원의 반경이 넓어질수록 더 큰

효과를 발휘합니다. 단순히 지역 내 환자 유치를 목표로 하는 것이 아니라 광범위한 잠재 환자들에게 병원의 인지도를 높이고 브랜드 신뢰도를 구축하기 위해서는 유튜브, 인스타그램, 페이스북 등의 SNS 광고를 활용해야 합니다. 특히 유튜브와 영상 기반의 광고는 병원의 서비스와 치료 과정을 더욱 직관적으로 전달할 수 있기 때문에 환자들의 신뢰도를 높이는 데 매우 효과적인 도구가 될 수 있습니다.

병의원이 성장했는데 마케팅 예산이 제대로 된 포트폴리오를 구성하지 못하고 있는 것은 아닌지 체크해 보시기 바랍니다.

대기실 환경은 긍정적 경험을 제시하는가?

우리 대기실은 환자들이 편안하게 기다릴 수 있는 환경이 조성되어 있습니까? 단순히 의자만 배치된 채 환자들이 무료하게 시간을 보내고 있지는 않습니까? 대기시간이 긴 병원의 경우에 환자가 대기시간을 지루하게 여기지 않도록 하면서도 브랜드를 노출하려는 조금의 노력이라도 하는 것이 중요합니다.

병원의 대기실은 단순히 환자들이 진료를 기다리는 공간이 아니라 병원에 대한 첫인상을 결정짓고 환자들에게 신뢰를 형성할 수 있는 중요한 접점입니다. 따라서 대기실 환경이 환자들에게 긍정적인 경험을 제공할 수 있도록 신경 써야 합니다.

대기실을 효과적으로 활용하는 방법의 하나는 병원의 전문성을 강조할 수 있는 마케팅 콘텐츠를 적절히 배치하는 것입니다. 원장이 출연한 진료 유튜브 영상이나 방송 영상을 원내 TV에 방영하는 것도 방법입니다. 대기실에 병원의 정보를 추가로 제공할 수 있는 책자나 원장님이 출간한 책을 전시하는 것도 좋습니다. 원장님께서 의료봉사 활동을 다녀온 것을 사진으로 전시하거나 피부과의 경우 병원에서 개발한 화장품을 전시하고 체험해 볼 수 있는 별도의 공간을 원내에 배치한 경우도 있습니다. 지금 우리는 어떠한가요?

환자그룹별 대기 공간을 분리하라

동일한 진료과에서도 성격이 완전하게 다르고 화학적으로 섞이지 않는 환자그룹이 있습니다. 예를 들어 안과의 노안과 라식 환자군, 성형외과의 첫 수술 환자와 중년 재수술 환자군, 미용 쪽의 국내 환자와 중국 환자들입니다. 두 환자군을 동일 공간에서 대기하게 할 때 환자들이 서로 이질감을 느끼거나 불편해하는 경우가 많으며 진료 대기 과정에서 내가 이 의원에서 진료받는 것이 맞는지 고민하게 됩니다. 그리고 온라인에 불편에 대한 후기를 남기게 됩니다.

두 환자군은 서로 분리되는 것이 맞습니다. 혹시 여러분의 병의원도 두 환자군을 동시에 공략 하려다가 두 환자군을 동시에 놓치고 있지는 않은지요? 이 두 그룹이 서로 불편하지 않게 대기할 수 있는 동선을 꾸미려면 어떻게 해야 할까요? 고민해 보신 적이 있나요?

연령과 언어와 문화적 차이로 인한 이질감은 분명히 있으며 나아가 이러한 물리적인 섞임은 브랜드 정체성의 혼란을 야기합니다. 의료기관은 특정 진료 영역이나 환자군에 특화된 이미지를 구축하기 위해 노력하지만, 상충하는 환자군이 한 공간에 혼재할 경우 '이 병원은 정확히 어떤 환자를 위한 곳인가?'라는 의문이 방문환자들에게 생길 수 있습니다. 이는 병원의 전문성과 특화성에 대한 인식을 약화할 수 있습니다. 혹시 우리 병원이 그런 것이 아닌가요?

행정구역 타깃 광고는 필수!

우리 병원이 지역의 병의원이며 특정 행정구역에서만 주로 환자들이 오고 있다면, 우리 행정구역에만 노출되는 타깃 광고를 하고 있나요? 당근마켓은 우리가 속한 '동'을 타기팅 할 수 있으며 페이스북과 인스타그램, 카카오톡은 우리가 속한 '구'를 타기팅 가능한데 그러한 타깃 광고를 하고 있나요? 아니면 행정구역을 생각하지 않고 전국을 대상으로 광고하고 있지는 않나요? 차트에서 환자의 주소지 분석을 해보고 계신가요? 차트가 주는 주소지 통계를 반영하여 광고하고 있나요? 아니면 마케팅 담당자나 대행사가 하는 대로 그냥 두는 편인가요?

환자들이 실제로 어디에서 오고 있는지를 분석하고 그에

맞춰 광고를 최적화하는 것이 중요합니다. 특히 지역 기반의 병의원이라면 전국 단위의 광고보다 특정 행정구역에 집중하는 타깃 광고가 훨씬 더 효과적일 수 있습니다. 광역권, 전국권 광고는 차별화 진료가 개발된 이후나 가격이 아주 경쟁력 있을 때 해야 합니다.

대부분의 병의원은 자연스럽게 특정 지역의 환자들이 주로 방문하지만 이를 마케팅 전략에 적극적으로 반영하지 않는 경우가 많습니다. 즉 환자들의 거주지가 특정 행정구역에 집중되어 있음에도 불구하고 광고를 운영할 때 지역 타깃을 고려하지 않고 전국 단위 혹은 너무 광범위한 지역에 노출하여 예산을 낭비하는 실수를 범하게 됩니다.

우선 환자들의 실제 거주지를 분석하는 것이 선행되어야 합니다. 병원의 전자 차트 데이터를 활용하면 병원을 방문한 환자들의 주소지를 대략 분석할 수 있습니다. 차트에서 환자들의 거주지를 확인하고 특정 지역에서 집중적으로 방문하는 패턴이 보인다면 그 지역을 중심으로 광고 전략을 최적화하는 것이 필요합니다.

제가 경험한 병원에서는 광고를 전국 단위로 뿌렸지만 실제 환자의 80%가 병원 반경 5km 내에서 온다는 사실을 알게 되었고 이후 광고를 지역 타깃으로 조정하자 같은 예산으로 환자 유입이 훨씬 늘어났습니다.

만약 행정구역을 고려하지 않고 광범위한 지역에 광고를 노출하고 있었다면 지금이라도 환자 거주지 데이터를 분석하고 이를 반영한 지역 타깃 광고 전략을 수립해야 합니다. 병원의 마케팅 전략은 단순히 광고를 운영하는 것이 아니라 실제 환자들이 어디에서 오고 있는지 분석하고 그 데이터를 기반으로 가장 효과적인 지역에 광고를 집중하는 방향으로 최적화해야 합니다.

더불어 요일별로 동일 지역 내에서 다른 광고 소재 전략도 고려해 볼 수 있습니다. 주거와 직장의 성격이 혼재된 여의도 지역에서 평일에는 직장인, 주말에는 지역거주자를 중심으로 광고를 집행하여 토요일 오전 환자는 지역 거주자 비급여 환자로 예약을 채운 케이스도 있습니다.

많은 원장님과 미팅해 보면 환자가 지방이나 멀리서도 온다고 이야기하십니다. 그런데 거기서 오는 환자도 일부 있다는 말 아닌가요? 냉정하게 따져보았을 때 실제로 비율이 높다는 말인가요? 우리 병원은 현재 환자들의 거주지를 분석하고 그에 맞는 타깃 광고를 운영하고 있습니까? 광고 반경을 넓히는 것은 확실한 차별화 진료가 준비되었을 때 시작하면 됩니다.

맘카페와 커뮤니티 마케팅을 하고 있는가?

지역사회 특히 신도시의 경우 맘카페 및 커뮤니티 마케팅이 중요합니다. 지역 커뮤니티가 절대적인 영향력을 가지고 있는 곳인데 지역 카페마케팅을 하지 않고 있는 것은 아닌가요? 카페마케팅은 운영자와 제휴, 특정 게시판에서 활동, ID를 만들어 자문자답하는 침투 마케팅을 하는 경우로 분류됩니다. 혹시 이러한 마케팅을 하고 계신가요? 여러분의 병의원이 혹시 지역 카페에 절대적인 영향을 받는 곳에 있는 것은 아닌가요?

 지역 커뮤니티는 양면성이 존재합니다. 긍정적인 평판도 빠르지만, 지역 커뮤니티의 특성상 부정적인 평판이 빠르게 확산할 수 있습니다. 또한 지역 커뮤니티 마케팅은 지속적이고 일관된 관리가 필요합니다. 단발성 홍보나 강한 이벤트성 활동은 오히려 역효과를 불러올 수 있으며 장기적인 관점에서의 신뢰 구축이 핵심입니다. 특히 신도시의 경우 지역 커뮤니티가 단순한 정보 공유의 장을 넘어서 여론 형성의 핵심 플랫폼으로 작용하고 있습니다.

먼저 우리 병원이 위치한 지역의 주요 카페를 찾아보셔야 합니다. 맘카페, 지역 주민 카페, 혹은 질환 관련 커뮤니티가 있는지 조사하고, 그 안에서 어떤 대화가 오가는지 살펴보시기를 바랍니다. 지역 커뮤니티에서 신뢰를 얻고 환자들과의 관계를 형성하는 것이 병원의 지속적인 성장을 위한 중요한 전략이 될 것입니다.

PART 6.

☑ 부정 이슈 및 위기관리 점검

부정 이슈 대응매뉴얼이 있는가?

네이버 플레이스, 블로그, 지역 카페에서 우리 병의원의 평판이 어떤가요? 혹시 원내에서 아무도 모르고 있나요? 점검한 바가 없나요? 우리 병의원에 대한 나쁜 소식을 2~3달이 지나도록 방치되고 있지는 않나요? 원내에서 이것을 모니터링하는 담당 직원을 두셨나요?

위기관리 매뉴얼이 전혀 없는 병의원이 있습니다. 원장님은 우리 병의원의 나쁜 후기가 네이버 플레이스나 네이버 카페에 올라오면 직원들과 어떻게 하기로 협의하였나요? 원장과 직원들 사이에 이런 협의가 사전에 있었나요?

부정 이슈에 대한 고민 없는 1차 대응이 이슈 제기자를 더욱 화나게 할 수 있습니다. 부정 이슈 발생 시에 원장에게 항상 보고되게 하고 이슈 제기자 파악 이후에 사과 및 협의를 하거나 네이버, 카카오, 당근마켓 등에 검색 제외 요청을 하거나 이슈 밀어내기를 해야 합니다. 우리는 이런 프로세스가 있나요?

많은 병의원이 위기관리 매뉴얼 없이 부정적인 후기가 발생하면 원장이 먼저 화를 내고 감정적으로 대응하거나 아무런 대응 없이 방치하는 실수를 범하고 있습니다. 부정 이슈는 발생하지 않는 것이 중요하고 가장 좋지만, 그 영향을 최소화하려면 부정 이슈 발생 시 부정적인 후기를 최대한 빠르게 발견하는 것입니다.

즉각적인 내부 보고 체계가 마련되어 어떤 직원이 어떻게 대응할 것인지에 대한 프로세스를 명확히 해야 합니다. 직원이 발견하였다고 해도 본인과 관련된 부정 후기라면 원장에게 보고하지 않을 가능성이 높으니 이를 방지해야 합니다.

대응 방안도 세분화해야 합니다. 부정적인 후기는 정당한 불만을 제기하는 후기와 악의적인 허위 후기로 나눌 수 있습니다. 각각의 유형에 따라 대응 방식이 달라져야 합니다. 정당한 불만을 제기하는 후기라면 병원 측에서는 공식적인 사과와 함께 문제 해결 방안을 제시하는 것이 중요합니다. 다만 이것이 공개적인 사과나 변상이라면 기존 환자들에게 미치는 영향을 고려해야 합니다. 비공개로 해야 한다면 협의 과정이 필요합니다.

경쟁 병원이나 특정 목적을 가진 사람이 병원의 명성을 훼손하기 위해 정당하지 않은 악의적인 허위 후기를 작성하는 경우도 있습니다. 해당 후기의 내용이 명백한 허위 사실임을 증명할 수 있는 근거를 확보한 후 플랫폼에 삭제 요청을 해야 합니다. 네이버 고객센터, 카카오 고객센터, 당근마켓고객센터 등에 신고 기능을 통해 허위 사실이 포함된 후기를 삭제 요청할 수 있으며 증빙자료를 함께 제출해야 합니다. 법적 대응이 필요한 경우 명예훼손 소송을 검토할 수도 있습니다.

빠르게 부정적인 후기가 확산하는 것을 방지하기 위한 전략이 필요한데 광고 대행사가 진행하는 '이슈 밀어내기 상품'을 활용해야 합니다. 새로운 긍정적인 후기를 적극적으로 유도하여 부정적인 후기가 검색 상위에 노출되지 않도록 해야 합니다.

플랫폼에 검색 제외 요청을 진행해야 합니다. 구글과 유튜브는 어렵습니다만 대부분의 국내 플랫폼은 각 플랫폼의 고객센터를 통해 진실이 가려질 때까지 검색 제외 요청을 할 수 있습니다. 해당 후기가 병원에 대한 명예훼손이 될 수 있거나 허위 정보가 포함되어 있다는 증빙 자료를 함께 제출하는 것이 필요합니다.

무엇보다 부정적인 후기가 발생하기 전에 예방하는 것이 최선이므로 내부 교육으로 평판 관리의 중요성을 항상 강조해야 합니다. 열 건의 좋은 후기보다 한 건의 나쁜 후기가 매출에 나쁜 영향을 미치는 경우가 많습니다. 이런 부정 이슈의 출현에 원장님은 먼저 화를 낼 것이 아니라 부정 이슈를 걸러내는 시스템을 어떻게 만들고 관리할지를 정해야 합니다.

원내에 담당을 두거나 외주 대행사에 관리를 맡겨야 할 것입니다. 실제 저의 회사도 병원의 부정 이슈만을 매일매일 모니터링을 서비스하는 병원이 있습니다.

환자 후기 작성 독려 프로그램이 있는가?

우리 병의원을 찾아오는 환자들이 본인의 진료 이외에 우리 병의원에 도움을 주기에 가장 좋은 것은 소개 환자를 만들어주는 것입니다. 이것은 현실적으로 단순히 소개 환자를 독려하는 프로그램을 만들어만 둔다고 일어나는 일은 아닙니다. 실제 독려도 함께 해야 합니다.

가장 마케팅에 활용성이 높은 것은 환자의 사진 후기, 자필 후기, 그리고 블로그 후기와 영수증 후기입니다. 우선 자필 후기는 원내에 작은 후기 카드가 있는 공간을 만들고 환자들에게 써달라고 하는 것이 좋습니다. 자필 후기 전용 펜과 용지를 준비해 보시기 바랍니다. 이렇게 형성된 자필 후기는 우리 병의원 블로그에도 사용할 수 있고 원장님께서 출판할 때 책의 소재가 될 수도 있습니다. 자필 후기는 단골 환자들이나 원장님과 친화적인 환자들이 협조할 것입니다. 사진 후기나 블로그 후기는 상대적으로 독려 프로그램으로 얻기가 어렵습니다.

네이버 영수증 후기는 원내 게시물로 비치된 독려 프로

그램을 이용하면 사진 후기도 함께 얻기가 좋습니다. 원내 인포메이션이나 정수기 등 사람들의 시선이 머무르는 곳에 비치하시기를 바랍니다. 치과라면 칫솔, 피부과나 클리닉에서는 적립금이나 커피 쿠폰을 주는 형태로 환자 후기를 독려하는 프로그램들이 많이 있습니다.

부정 이슈의 패턴에도 유행이 있다

과거에 병원 관련 가장 크고 위협적인 부정 이슈는 의료사고, 마취와 관련한 환자 사망사고 등 의료사고였습니다. 이러한 대형 의료사고의 빈도는 갈수록 줄어들고 있습니다. 과거에 비해 부정 이슈의 스타일은 많이 바뀌고 있습니다. 최근에는 네이버 플레이스와 네이버 카페, 블로그 등에 올라오는 후기를 보면 상담 직원들의 환자에 대한 응대와 과잉 진료를 권장하여 실망스럽다는 후기가 가장 많은 부정 이슈의 사례가 되고 있습니다.

또 다른 최근의 새로운 부정 이슈 타입은 '내가 나의 시간과 돈을 들여서 방문한 병원인데 나에게 집중해 주지 않는 것이 기분 나쁘다.'라는 유형의 부정 이슈가 가장 많습니다. 고객이 찾아왔는데 직원들끼리 잡담을 하느라 몰랐다거나, 고객이 왔는데 직원이 핸드폰을 하고 있거나 유튜브를 보고 있었다 등입니다. 이는 중년 이상보다 젊은 환자층에서 많이 발생하는 부정 이슈이니 유의하시기를 바랍니다. 고객 대응은 매뉴얼화되어서 이런 일이 방지되어야 합니다.

경기 상황이 어려워지며 강한 상담으로 많이 나오는 부정 이슈들인데 방문한 환자들에게 모두 동일한 검사를 시킨다거나 상위의 검사 또는 시술이나 진료를 받게 압박 상담이 있다는 후기들입니다. 예를 들어 '모 척추 관절병원에 갔더니 모든 환자 MRI를 찍게 하고 시작하더라, 피부과는 원장이 내가 원하는 상담이 있는데 자꾸 다른 시술을 권장하더라.' 등의 부정 이슈가 후기에 올라오는 경우입니다. 병의원이 부정 이슈에 한 번 휩쓸리고 나면 회복에 상당 기간 시간이 걸리므로 유의해야 합니다.

카카오맵, 구글맵도 후기 관리하라

카카오맵에 리뷰 기능이 있다는 것을 모르시는 병의원들이 의외로 많습니다. 카카오맵의 부정 후기가 수년째 그대로 방치된 것도 보게 됩니다. 네이버 플레이스 리뷰에는 신경을 쓰면서도 카카오맵은 모바일 내비게이션과 지도 검색을 통해 병원을 찾는 환자들이 먼저 확인하는 플랫폼 중 하나임에도 불구하고 이를 적극적으로 관리하는 병의원은 많지 않습니다.

우리 병의원은 카카오맵의 리뷰를 정기적으로 점검하고 부정적인 후기에 대한 대응 전략을 마련하고 있나요? 체크해 보신 적이 있으신가요? 카카오맵 리뷰 관리를 위해서는 우선 정기적인 모니터링 체계가 확립되어야 합니다. 매일 새로운 리뷰 등록 여부를 확인하고 부정적 후기에 대해서는 즉각적인 대응이 이루어질 수 있도록 해야 합니다.

구글맵에도 사용자 후기 기능이 있습니다. 한 번이라도 우리 병의원의 구글맵 후기를 체크해 보신 적이 있으신가요? 네이버에 몰입된 나머지 구글은 신경 쓰지 않는 경우가 대부분입니다. 수년째 방치된 병원의 구글맵 후기가 없는지 체크하시기를 바랍니다. 부정 이슈가 있으면 광고대행사의 도움을 받거나 원내에서 긍정 후기를 올리시기를 바랍니다.

온라인의 활용에 익숙한 일부 국내 사용자, 해외 경험이 많은 사용자, 젊은 층에서는 네이버 리뷰보다 구글맵 리뷰를 더 신뢰하기도 하며 일부 사용자들은 꾸준히 구글맵으로 평판을 보고 방문 의사 결정하고 있습니다.

외국인 환자가 오는 병의원이면 구글맵 후기는 반드시 관리해야 합니다. 외국인 환자들에게도 리뷰를 남길 수 있도록 독려하는 것이 중요한데 만족스러운 치료를 받은 경우 간단한 안내문을 제공하여 구글맵 리뷰를 작성하도록 유도할 수 있습니다. 리뷰 안내를 다국어로 병원의 접수 데스크나 치료 후 안내 문구로 제공하면 외국인 환자들이 보다 쉽게 리뷰를 작성할 수 있습니다.

PART 7.
☑ 성과측정 및 기타 점검

업로드와 포스팅에 정신 승리하지 말 것

많은 병의원 마케팅의 허점은 쉬지 않고 무엇인가 하고 있다는 자체에 자기만족하고 있다는 것입니다. 마치 학생이 시험성적이 아니라 공부한 시간이 많았다는 것에 만족하는 것이나 다름없습니다. 성적을 향상하는 것이 공부의 목적인데 결과를 내지 못하고 내가 오늘 몇시간 공부했다는 것에서 스스로 만족을 찾는 것과 같습니다.

예를 들어 월, 수, 금에 블로그 포스팅을 하고 매주 유튜브 1편 업로드를 하기로 했다면 우리가 측정하고 신경 써야 할 것은 블로그 포스팅을 했다는 사실 자체가 아니라 실제 블로그 포스팅을 읽은 사람의 수, 이웃 수의 증가가 측정의 기준이어야 합니다. 그런데 원장님이 블로그를 포스팅했는지와 유튜브를 업로드 했는지만 신경을 쓰신다면 결국 직원들도 단순한 업로드에만 신경을 쓸 것입니다. 우리가 신경 써야 할 것은 과연 그것일까요? 이것이 실제 마케팅에 도움이 될까요?

마케팅 실무자들이 단순히 '업로드 일정과 횟수'에만 집중하여 원장님께 보고하게 되면 원장님 역시 마케팅이 효과적으로 운영되고 있다고 착각할 가능성이 큽니다. 예를 들어 '우리는 매주 3회 블로그를 운영하고 있고, 유튜브도 꾸준히 업로드하고 있다.'는 보고를 받으면 마케팅이 정상적으로 운영되고 있는 것처럼 보일 수 있습니다. 그러나 정작 중요한 것은 이러한 콘텐츠가 실제 환자들에게 노출되고 그들이 병원에 관심을 가지게 했는가 하는 점입니다.

마케팅 활동의 핵심은 '우리는 마케팅하고 있다.'라는 자기만족이 아니라 '우리는 마케팅을 통해 환자들에게 도달하고 있으며 그 효과를 확인하고 있다.'라는 실질적인 성과 분석에 있습니다. 지금부터라도 업로드 자체에 만족하는 것이 아니라 콘텐츠의 도달과 성과를 정량적으로 면밀히 분석하고 이를 기반으로 마케팅 전략을 지속해서 최적화하는 접근이 필요합니다.

전년도 동일 시즌과 성과 분석하라

시즈널리티가 있는 수술과 시술, 진료를 하는 피부과, 성형외과, 안과의 라식수술 등은 전년도 동월과의 신환수, 매출 비교가 중요합니다. 전년도 동월과 비교해야 합니다. 공단 건강검진을 하는 의원은 연말이 비교의 중심이 되어야 합니다. 이번 연말과 지난해 동월 연말의 비교가 필요합니다. 실제로 그런 시즌이 반영된 통계적 분석을 하고 있나요? 전월과 비교하면 제대로 된 비교분석이 아닐 수 있습니다.

상담률, 내원율 체크는 필수!!

상담률과 내원율 체크 없이 오직 광고만 하는 것은 아닌가요? 광고의 결과가 실제 어떠한지 원내에서 체크하고 있나요? 광고만 하거나 광고의 결과까지만 체크하거나 매출이 늘었다고 좋아만 해서는 안 되고 인과관계를 알아야 합니다. 광고부터 상담, 내원, 매출까지 흐름을 체크해야 합니다. 매출이 줄어드는데 내부 마케팅, 상담, 광고대행사가 각자의 구간에서 문제가 없다고 주장하면 마케팅은 발전하지 않습니다. 광고가 실제 환자 내원과 매출 증가로 이어지는지를 구간별로 정확하게 측정하고 분석하는 것이 중요합니다.

광고가 성공하려면 노출(광고가 얼마나 많이 보였는가?) → 클릭(얼마나 관심을 가졌는가?) → 전화상담(환자가 실제로 문의했는가?) → 내원(실제로 병원에 방문했는가?) → 진료(진료 및 시술을 받았는가?) → 재방문(다음에도 병원을 찾을 가능성이 있는가?) 이 모든 과정이 연결되어야 합니다.

광고 지표만으로 마케팅 성과를 평가하는 것은 표면적인 데이터만 보는 것이며 실제적인 환자 유입과는 거리가 있을 수 있습니다. 많은 병의원에서는 광고의 노출 수치와 클릭 수만을 보고 광고가 잘되고 있다고 판단하는 오류를 범합니다. 광고 클릭이 많지만, 실제 상담으로 연결되지 않는다면 홈페이지나 랜딩 페이지에 문제가 있는 것입니다. 상담은 많지만 실제 내원율이 낮다면 상담 과정에서 환자가 신뢰를 느끼지 못했거나 예약 과정에서 불편함을 겪었을 가능성이 큽니다.

항상 광고별 상담률과 내원율을 구체적으로 체크해야 합니다. 어떤 광고에서 상담이 많이 발생하는지와 어떤 광고가 실제 내원으로 이어지는지를 분석해야 합니다. 예를 들어 네이버 검색 광고를 통해 유입된 환자의 상담률은 몇 퍼센트인지를 분석하고 있는지요?

전화상담 과정에서의 문제점을 점검하고 있나요? 방문 후 최종 상담에 대해 문제점을 점검하고 있나요? 상담은 환자가 병원에 신뢰를 가질 수 있도록 돕는 과정입니다. 상담 응대가 제대로 되지 않으면 환자는 최종결정을 망설일 수 있습니다. 내원율이 낮은 경우 원인을 찾아 해결해야 합니다. 전화상담은 이루어졌지만, 환자가 병원을 방문하지 않는다면 그 원인을 정확하게 파악해야 합니다.

환자들은 여러 가지 이유로 상담 후 내원을 포기할 수 있습니다. 상담 과정에서 충분한 신뢰를 얻지 못했거나 가격이 예상보다 높다고 느꼈거나 여러 가지 문제가 있을 수 있습니다. 상담 후 일정 기간 내에 내원하지 않은 환자들에게 추가적인 안내 메시지를 보내거나 후속 상담을 진행하는 등 내원율을 높이는 전략을 도입해야 합니다.

단순히 광고가 잘 진행되고 있다는 원내 마케팅 담당의

보고만 듣고 만족하고 있지는 않나요? 광고부터 상담, 내원까지 전체 프로세스를 하나의 연결된 고객 여정으로 보고 각 단계에서 발생하는 문제점을 함께 파악하고 개선해야 합니다.

보험, 급여, 외래의 성과지표가 중요하다

현재 여러분 병의원이 100% 비급여 진료만 한다면 해당하지 않겠지만, 급여와 비급여가 혼재되어 있다면 로컬 의원의 경우 보험 진료와 외래 환자 수가 일정 비율 이상 있어야 병원의 장기적인 성장이 가능합니다. 이를 기반으로 비급여 진료의 성과도 자연스럽게 따라올 수 있습니다. 물이 흐르면 개울이 되고 자주 다니면 길이 되듯이 비급여의 성과는 많은 유입이 있는 흐름 속에서 일정한 비율로 나와야 합니다. 로컬에서는 보험진료, 급여 진료가 튼튼하고 외래가 많은 지역 의원이 장기적으로 성장할 수 있습니다.

 나무를 잘 가꾸는 것이 필요합니다. 나무를 잘 가꾸어야 풍성한 과실을 기대할 수 있습니다. 나무를 잘 가꾸지 않고 과실이 떨어지기만을 기다려서는 성과가 나오기 어렵습니다. 보험진료와 비보험 진료를 동시에 하는 의원의 경우 브랜드 마케팅은 하지 않고 비급여 진료에 대한 퍼포먼스 마케팅만 할 경우에는 좋은 성과가 나오기 어렵습니다.

많은 병원이 비급여 진료의 성과를 높이기 위해 퍼포먼스 마케팅을 강화하는 전략을 선택하지만, 이는 한계가 있습니다. 비급여 진료는 광고나 이벤트를 통해 단기적으로 환자를 유치할 수 있지만 지속해서 안정적인 성과를 내기 위해서는 보험 진료와 외래 진료의 기반이 튼튼해야 합니다. 즉 브랜드 마케팅이 퍼포먼스 마케팅과 함께 하는 것이 중요합니다.

조회수나 유입수에서 허수나 해외 유입은 없는가?

마케팅의 결과는 일차적으로 조회수나 유입수로 나타납니다. 대표적인 것이 블로그의 일 방문자 수, 유튜브의 구독자 수, 영상의 조회수, 그리고 홈페이지 유입자 수 등입니다. 여기에 허수가 없는지는 항상 체크해야 합니다. 이것을 뜯어보면 파키스탄, 인도 등과 같이 우리 병원과 전혀 무관한 곳의 유입으로 조회수나 유입수가 나오는 이상한 결과를 현장에서 자주 목격합니다. 이것은 의도적일 수도 있고 사고일 수도 있습니다. 중요한 것은 이것을 의도한 것인지 누군가의 장난인지 등을 원장이 알고 있어야 한다는 것입니다.

허수 트래픽이 발생하는 원인을 파악하기 위해서는 웹사이트 유입 데이터를 정기적으로 점검해야 합니다. 네이버 애널리틱스, 구글 애널리틱스 등의 데이터를 활용하여 주요 유입 국가, 유입 경로, 방문자의 행동 패턴을 분석하면 비정상적인 유입을 발견할 수 있습니다.

조회수나 유입수에서 허수가 발생하는 원인은 여러 가지가 있습니다. 우선 외주업체가 저렴한 비용으로 조회수를 높이기 위해 해외 트래픽을 유입하는 경우입니다. 일부 업체는 실제 타깃 환자층을 유입시키는 것이 아니라 조회수 자체를 증가시키기 위해 해외 트래픽을 인위적으로 조작하는 방식으로 성과를 부풀리기도 합니다. 해외 트래픽이 자동화된 봇(Bot)에 의해 생성되는 경우도 있습니다.

이러한 문제가 발생할 경우 몇 가지 조치를 할 수 있습니다. 우선 광고 집행 시 국가별 타기팅을 철저하게 설정해야 합니다. 네이버, 구글, 페이스북, 인스타그램 등에서 광고를 진행할 때 불필요한 국가에서 광고가 노출되지 않도록 지역 타기팅을 조정해야 합니다. 예를 들어 국내 거주 외국인을 타깃으로 광고를 진행하는 경우라면 광고 노출 국가를 한국으로 설정하고 특정 언어를 사용하는 사용자만 타기팅 하도록 광고 옵션을 조정해야 합니다. 또한 홈페이지 방문자의 유입 경로를 분석하여 비정상적인 IP 주소나 특정 국가에서의 과도한 트래픽을 차단할 필요가 있습니다.

네이버 블로그나 유튜브의 경우 이웃 수와 구독자가 많아 보이는 것이 중요한 요소라고 생각할 수 있지만 실질적인 환자 유입으로 이어지지 않는다면 의미가 없습니다. 실제 중요한 것은 이웃 수나 구독자 수에 비해 개별 콘텐츠의 조회수와 재생수가 중요합니다. 인플루언서가 아닌 이상 팬이나 이웃, 구독자를 늘리기 어렵습니다. 개별 포스팅과 콘텐츠에 더 집중하고 이웃 수나 구독자, 팬수는 부가적으로 생각하시기를 바랍니다. 마케팅을 진행하는 과정에서 단순하게 외부로 보이는 숫자 증가만을 목표로 하지 말고 데이터의 질을 평가하는 것이 중요합니다. 중요한 것은 실제로 병원 서비스에 관심이 있는 잠재 고객들의 유입을 늘리는 것입니다.

재진 환자 비율을 체크하고 있는가?

재방문 환자의 비율은 항상 체크해야 합니다. 홈페이지 재방문 환자의 비율을 체크할 수 있지만 보다 중요한 것은 실제 오프라인에서 재진 환자입니다. 그 재진 환자가 꾸준히 방문하는 비율에 대한 통계를 항상 수집하고 관리해야 합니다. 최근에는 병원 간의 경쟁이 심해져서 구환, 재진이 앞으로도 우리 환자라는 보장은 거의 없습니다. 재진 환자의 비율을 따로 체크하고 다시 돌아오지 않는 환자의 비율과 원인을 파악해야 합니다. 경우에 따라 설문조사도 필요합니다.

저도 병원의 마케팅 개선을 위하여 구환 설문을 많이 하는 편인데 설문조사에서 원내의 문제가 발견되는 경우가 많습니다. 제가 담당하던 의원에서 실장의 고압적인 상담이 기존 환자들 이탈의 원인이라는 것이 설문조사로 발견되었던 적이 있습니다. 설문조사는 웹 설문조사 방식으로 진행하되 문자 메시지로 발송하고 설문에 응할 시 간단한 캔 커피 등의 음료를 제공하는 정도로 하셔도 됩니다.

병원의 안정적인 성장을 위해서는 신규 환자의 유입뿐 아니라 기존 환자의 재방문율을 지속해서 관리하는 것이 필수적입니다. 단순히 광고를 통해 신규 환자를 유치하는 것만으로는 병원의 장기적인 성장 전략을 구축하기 어렵습니다. 환자들이 한 번 방문하고 끝나는 것이 아니라 지속해서 병원을 찾을 수 있도록 관리하는 것이 더욱 중요합니다.

재방문 환자의 비율을 분석하는 가장 기본적인 방법은 차트 데이터를 활용하는 것입니다. 병원 시스템을 통해 신환 대비 재진 환자의 비율을 정기적으로 점검하고 해당 비율이 감소하고 있다면 그 원인을 찾아 개선해야 합니다.

진료과목별, 전환율 차이를 분석하라!

마케팅 분석 차원에서 볼 때 호기심이 자극되고 문의까지 이어지는 전환율은 높지만, 실제 매출로의 전환이 높지 않은 진료가 있습니다. 우리가 광고의 결과는 좋지만, 매출로의 전환이 높지 않은 상품을 광고하고 있지 않은지 살펴보시기를 바랍니다. 반면 자극적으로 반응을 유도하는 것도 아닌데 꾸준히 환자가 자연스레 형성되는 진료도 있습니다.

광고별 전환 데이터를 분석해야 합니다. 각각의 광고 항목에 대해 클릭 수, 문의 수, 실제 예약 및 방문율을 분석하여 어떤 진료 항목이 높은 전환율을 보이는지 확인해야 합니다. 단순히 클릭 수와 조회수만 분석하는 것이 아니라 실제 예약으로 이어지는 비율이 얼마나 되는지를 파악해야 합니다. 실손보험 적용 항목과 아닌 항목, 보험적용 항목과 아닌 항목, 저렴한 시술과 높은 가격 수술의 전환율 차이도 크기에 이들의 전환율의 차이를 잘 분석하여 진행해야 합니다.

마케팅했으나 소개 환자는 늘지 않는가?

소개 환자가 늘지 않는다는 말은 비용을 계속 투입해서 환자를 늘려야 한다는 말입니다. 소개 환자 없이는 광고 마케팅으로 환자를 늘리기 위해 고정비 투입이 계속 있어야 합니다. 만약 소개 환자가 늘지 않는다면 기존 환자들이 소개할 필요가 없다고 느끼는 것이며 소개할 필요가 없다고 느끼는 것은 내부에 문제가 있다는 말입니다. 기존 환자들이 병원에 대한 만족도가 높지 않거나 만족하더라도 주변에 소개할 만큼의 특별한 가치를 느끼지 못하고 있다는 의미입니다.

환자들이 병원을 적극적으로 추천하는 경우는 두 가지입니다. 첫째, 치료 결과에 대한 높은 만족도를 경험했을 때이고 둘째, 병원의 서비스와 운영 방식이 경쟁 병원과 차별화되어 특별한 신뢰감을 형성했을 때입니다. 비뇨기과나 정신과처럼 숨기고 싶은 질환은 잘 추천하지 않는 경우도 있지만 대부분의 경우 추천합니다.

소개 환자가 증가하지 않는 문제를 해결하기 위해서는

단순히 광고를 통해서만 환자를 유입하는 것에서 벗어나 환자들이 병원을 자발적으로 추천하도록 만드는 시스템을 구축해야 합니다. 환자와의 커뮤니케이션을 강화하고 치료 후 사후 관리를 체계적으로 제공하시기를 바랍니다. 병원의 분위기와 고객 응대 태도를 지속해서 향상하는 노력이 필요합니다.

소개 환자의 증가가 병의원 마케팅의 궁극적인 목표가 되어야 합니다. 이는 단기적으로 마케팅에 반응하는 환자 수의 증가를 넘어 마케팅의 건전성과 성과를 측정하는 가장 큰 기준이 될 수 있습니다. 이를 측정하기 위해서 반드시 신환 설문을 하시기를 바랍니다.

계절별 프로모션은 일찍 준비하라

병의원에 따라 차이가 크지만 매출이 제대로 나오고 마케팅을 제대로 하는 의원의 경우 프로모션 준비를 일찍 시작합니다. 여름이 성수기라면 봄에 미리 성수기를 준비하며 겨울이 성수기라면 가을에 미리 성수기를 준비합니다. 제때 시즌 상품 준비하지 못하는 병의원들은 항상 마케팅 준비가 늦습니다.

일찍 준비해야 변화에 대응이 가능하며 성과를 낼 수 있습니다. 광고대행사에 마케팅 미팅을 요청하는 것도 마찬가지로 11월에 겨울 성수기 마케팅을 하려면 10월 초에는 광고대행사와 미팅을 추진해야 합니다. 성수기 마케팅을 제대로 준비하지 못하는 병원은 항상 준비를 늦게 시작합니다.

정기적으로 광고 소재를 변경하라

키워드 광고나 배너광고, 영상광고 등을 한 번도 소재를 변경하지 않고 진행하는 경우가 있습니다. 그냥 켜 두기만 하는 것인데 광고대행사는 광고비용이 지출되니 수수료를 받을 수 있어서 좋고 실장은 원장이 말하지 않으니 신경 쓰지 않는 경우입니다. 최소한 계절적인 소재나 성수기 관련 소재로는 교체되어야 합니다.

매일 같은 소재로 광고하고 있다면 가망 고객에게 새로운 자극을 주는 것이 불가능합니다. 이는 단순히 광고비 지출이라는 형식적인 마케팅 활동에 그치며 '우리는 광고 중'이라는 안도감만 줄 뿐 실질적인 효과를 기대하기 어렵게 만듭니다. 같은 광고를 반복해서 접하게 되면 사람들은 그 광고에 대해 무감각해지고 주의를 기울이지 않게 됩니다. 이를 광고 용어로 '광고 피로도'라고 합니다. 새로운 소재로 광고를 변경하면 이러한 광고 피로도를 줄이고 잠재 고객들의 관심을 다시 불러일으킬 수 있습니다.

광고 소재를 어떻게 관리하고 변경할 수 있을까요? 먼저 현재 광고가 어떤 소재로 운영되고 있는지 확인해 보셔야 합니다. 대행사나 마케팅 담당자에게 최근 몇 달간 사용된 광고 이미지와 문구를 요청하시고 그것이 계절이나 시즌에 맞는지 점검해 보시기 바랍니다. 3월에 입학 이벤트를 해야 할 때, 작년 11월의 수능 이벤트를 하는 경우도 있습니다. 소재를 바꾸더라도 병원의 브랜드 아이덴티티는 일관되게 유지하고 병원의 핵심 가치와 메시지를 일관성 있게 전달되어야 합니다. 병원의 가치와 완전히 다른 방향으로 소재를 잡을 수 있으니 이 부분에서 원장님께서 중심을 잡아 주셔야 합니다.

아무런 변화 없이 흘러가는 상황이 발생하는 주된 이유는 관리체계의 부재입니다. 지금 바로 체크해 보시기 바랍니다. 이런 사항은 원장님께서 간단히 말씀해 주시는 것만으로도 변화를 가져올 수 있습니다.

외국인 환자 진료로 확장이 가능한가?

최근 수년간 지역별로 한류의 영향과 국내 장기체류 외국인이 늘어나면서 외국인 환자 비중이 늘어나는 병의원이 많습니다. 출입국 관리소의 통계를 보면 한국에 거주하는 성인 인구 중에 12% 정도는 외국인입니다. 현재 외국인 환자로 확장할 수 있는 위치와 조건에 계신가요? 원장님께서 외국어가 가능하신가요? 원내 외국어 가능 인력이 있나요? 이런 사항이 있다면 적극적으로 홍보해야 합니다. 외국인 환자들이 오고 있는데 외국어 홈페이지는 없는 것이 아닌가요? 해외환자 유치를 위한 에이전시를 쓰고 계시거나 알아보신 적이 있나요? 우리 지역이 외국인 거주지역이거나 이동 경로에 있나요?

외국인 환자 유치에 유리한 입지인데 방치하시는 것을 자주 목격하고 있습니다. 외국인 환자 진료는 병원의 성장과 발전을 위한 중요한 기회가 될 수 있습니다. 2023년 한국을 방문한 외국인 환자 수가 60만6000명을 넘어서며 역대 최고치를 기록했습니다. 이는 2022년 24만8000명 대비 2.4배 증가한 수치로 팬데믹 이전인 2019년의 49만7000명보다도 높은 수준입니다. 이러한 추세는 앞으로도 계속될 것으로 예상되며 병원의 외국인 환자 진료 확대를 위한 준비가 필요한 시점입니다.

외국인 환자들이 주로 찾는 진료과목에 대한 이해도 필요합니다. 2023년 통계에 따르면 피부과(35.2%), 성형외과(16.8%), 내과 통합(13.4%), 검진(7.4%) 순으로 외국인 환자들의 방문이 많았습니다. 병원의 전문 분야가 이에 해당한다면 이를 적극적으로 홍보하는 것이 효과적일 수 있습니다. 외국인 환자들의 국적도 고려해야 할 중요한 요소입니다. 2023년 기준으로 일본, 중국, 미국, 태국, 몽골 순으로 환자가 많았으며, 특히 일본과 대만의 증가율이 높았습니다.

최근 의료 심의를 언제 받았는가?

최근 1년간 대한의사협회, 대한한의사협회, 대한치과의사협회 산하의 의료광고 심의위원회에 의료광고 심의를 받은 적이 있나요? 만약에 없다면 그것은 두 가지 면에서 문제가 있습니다. 첫째는 원내나 광고대행사에서 새로운 광고 소재를 개발하지 않는 상황이라는 것입니다. 둘째는 최근 경쟁과 경기 악화로 지역사회에서 타 병의원에 대한 민원을 제기하는 경우가 많은데도 심의를 받지 않았다는 것은 그에 대한 대비가 없다는 것입니다.

마케팅을 제대로 하는 병의원의 최근 수년간 경향은 의료광고 심의를 많이 받아두는 것입니다. 원장님께서 현재 우리병원의 광고 심의 상황을 모르신다면 실장과 광고대행사에 문의해 보시기 바랍니다. 의사단체에 따라 다르지만, 의료광고 심의는 최근 정체가 심하여 최대 6주 정도의 심의 기간이 걸리는 경우도 있습니다.

미리미리 받아 두어야 원하는 기간에 광고할 수 있고 민원이 들어오면 심의를 통과한 소재로만 광고하여 방어할 수 있습니다. 믿어지지 않게도 개원한 지 수년이 지났지만, 의사협회, 한의사협회, 치과의사협회의 의료광고 심의위원회에 가입한 기록조차 없는 병의원들이 아주 많습니다.

환자가 가장 많이 검색하는 키워드를 알고 있는가?

지역성이 있는 의원이 원장이나 원내에서 블로그 작성 시에 지역 키워드를 전혀 쓰지 않는 경우는 대부분 블로그를 통한 지역 환자의 유입이 있기 어렵습니다. '지역 명+진료 과목 또는 질환명'을 일단 기본적으로 가져가야 합니다. 예를 들어 우리 블로그가 '화곡동 정형외과' 등 기본적으로 져가야 할 키워드를 전혀 쓰지 않고 전국을 대상으로 무릎 인공관절에 대한 과학적인 이야기를 쓰고 있다면 지역환자 유치는 쉽지 않습니다. 대범주의 재미있고 흥미로운 이야기도 필요하지만 실제로 필요한 것은 우리 지역을 확실하게 지킬 지역 키워드를 배치하여 포스팅하는 것입니다.

또한 우리 지역에서 환자들이 병원을 찾을 때 가장 많이 검색하는 키워드가 무엇인지 알고 계신가요? 실제로 검색을 해보셨나요? 아니면 막연하게 생각하시는 것일까요? 미팅을 해보면 실제 이것을 잘 모르는 경우가 많습니다. 영등포구 신길동 대방시장 근처에 소재한 내과라면, 영등포구 내과를 검색하고 올지, 신길동 내과를 검색하고 올지, 대방시장 내과라고 검색하고 올지 검증해 보셨나요?

혹시 엉뚱한 키워드에 집중하고 계신 것은 아닌가요? 혹시 현재 우리 병원의 마케팅 전략은 환자들이 실제로 검색하는 키워드를 정확히 반영하고 있나요? 아니면 막연한 추측이나 기존의 방식대로 마케팅을 진행하고 있지는 않나요? 환자들의 검색 패턴과 병원의 브랜드 검색량을 지속해서 모니터링하고 있나요?

네이버 검색광고 관리자에 가시면 우리 지역에서 사람들이 실제 많이 검색하는 검색어가 무엇인지 알 수 있습니다. 그리고 지난 1개월~12개월의 통계도 확인 가능합니다. 또한 네이버 플레이스에서 제공하는 스마트콜이라는 서비스를 사용하고 계신가요? 스마트콜에서 통계를 뽑으면 플레이스에서 우리 병원을 보고 통화버튼을 누른 사람들이 통화버튼을 누르기 직전에 어떤 키워드를 검색해서 통화버튼을 눌렀는지를 알 수 있습니다.

이러한 통계까지는 기본적으로 확인해야 합니다. 실제로 어떤 키워드에서 클릭이 나오고 있는지도 파악이 필요합니다. 그리고 우리 병의원의 이름이 한 달에 몇 건이 검색되고 있는지 성장세인지 감소세인지 정도는 원장님께서 매월 직접 파악하시는 것이 필요합니다.

병원의 마케팅 전략이 효과적으로 운영되기 위해서는 검색 키워드를 단순히 광고 대행사나 마케팅 담당자에게 맡겨두는 것이 아니라 원장님께서도 직접 핵심 데이터를 확인하고 감을 잡는 것이 중요합니다. 병원의 경쟁력을 높이기 위해서는 환자들이 어떤 키워드를 검색하는지 우리 병원의 이름이 얼마나 검색되는지 그리고 이러한 데이터가 매월 증가하고 있는지를 점검하는 것이 필수적입니다. 병원의 마케팅은 단순히 광고를 집행하는 것이 아니라 데이터 기반의 전략적 접근이 필요합니다.

실제 상담이 실시간인가?

원장님은 우리 병의원의 온라인 상담과 전화 응대가 실시간이라고 생각하지만 실제로 점검해 보면 실시간이 아닌 경우가 많습니다. 문의가 실시간으로 처리되지 않고 쌓여 있는 경우가 많습니다. 대표적인 것이 네이버 예약인데 실제로 병원마케팅을 점검하기 위해서 네이버 ID로 로그인하여 점검해 보면 상담이나 조회 대응이 실시간으로 진행되지 않고 손대지 않은 네이버 예약이 며칠씩 쌓여 있는 것도 볼 수 있습니다. 이러한 결과를 실제로 원장님은 모르고 있는 경우가 많습니다. 문제는 원장님께서 이러한 디테일까지 확인하시기가 쉽지 않다는 데 있습니다.

실제 실시간 상담이 맞는지는 원장님이 상시로 점검하셔야 합니다. 스텝들이 밀리지 않게 실제 상담을 하는지 항상 체크하시기를 바랍니다. 네이버 예약과 같은 외부 채널 시스템은 환자들에게 매우 편리한 기능을 제공하지만 예약 요청이 즉시 확인되지 않거나 늦게 처리되면 환자들은 다른 병원을 선택할 가능성이 커집니다.

단순히 병원의 마케팅을 강화하는 것이 중요한 것이 아

니라 환자가 실제로 문의하고 예약하는 과정에서 누락되지 않도록 하는 것이 더욱 중요합니다. 예약 채널에 대한 정기적인 보고 시스템을 구축하시기를 바랍니다. 상담실장들이 매일 또는 매주 상담 처리 현황을 보고하도록 하여 미처리된 상담이 쌓이지 않도록 관리하시기를 바랍니다.

마케팅과 상담이 서로 소통하는가?

마케팅 담당과 상담 담당이 서로 소통하지 않는 것은 상당히 심각합니다. 가장 문제는 서로 소통을 워낙 하지 않다 보니 상담팀이 요즘 원내 마케팅과 외주 광고대행사가 어떤 소재로 광고하고 있는지 모르는 것입니다. 광고가 어떤 소재로 나가고 있는지 모르면서 걸려 오는 전화만 받고 있다면 상담이 잘 될 수 있을까요?

둘 다 고객을 향하고 있고 마케팅은 고객을 향하여 먼저 말하는 팀이고 상담은 고객의 소리를 듣고 설득하는 조직입니다. 마케팅은 환자들에게 먼저 다가가 병원의 가치를 전달하는 역할을 하고 상담은 환자들의 문의를 받고 병원의 진료와 서비스를 설명하며 설득하는 역할을 합니다.

두 부서가 유기적으로 연결되지 않는다면 환자 유입에서 상담, 예약, 내원까지의 과정에서 결과적으로 전환율이 낮아질 수밖에 없습니다. 광고 데이터를 상담팀과 공유해야 하며 상담팀이 환자와의 대화를 통해 얻은 피드백을 마케팅팀과 공유해야 합니다. 우리 병원의 마케팅과 상담 부서 간의 소통을 점검하시기를 바랍니다.

병원에 CRM도 없는 것은 아닌가?

현재 상담팀에서는 환자의 상담 기록이 체계적으로 관리되고 있습니까? 상담 과정에서 이전에 통화했던 내용을 확인하고 환자와의 대화를 연속적으로 이어갈 수 있는 시스템이 구축되어 있습니까? 아니면 매번 처음부터 환자의 이야기를 다시 듣고 상담을 진행하는 방식으로 운영되고 있습니까? 경쟁 병의원은 지난번 통화에서 고객과 나눈 이야기까지 전화가 걸려 오면 상담자의 모니터에 떠서 상담 시에 라포르를 형성할 수 있는 상황인데 우리는 광고는 동일하게 집행하는데 그러한 활동을 전혀 할 수 없다면 같은 예산으로 같은 광고를 하는데 우리가 성과가 더 나올 수 있을까요?

광고의 결과를 전화나 온라인 문의로 받아들이는 곳은 상담 또는 CS입니다. 규모가 작지 않은데, 상담에 CRM이나 CTI가 도입되지 않은 병원이 많이 있습니다. CRM, CTI과 같은 체계적인 관리 시스템 없이 통계가 집계되고 엑셀로 관리되고 있다면 분명히 비효율이 있습니다. 광고의 성과가 없는 곳은 홈페이지나 광고에 누수가 있게 마련입니다.

CSR 마케팅 가능하다면 진행하라

마케팅을 질환과 진료라는 본질만으로 해야 하는 것은 아닙니다. CSR(사회공헌) 마케팅으로 선행과 봉사를 알리기 가장 좋은 채널은 검색이 아닌 소셜미디어와 영상과 같은 도달 채널을 잘 활용하는 것입니다. 특히 후원과 같은 방식으로 병원을 홍보하는 경우에는 우리 병의원의 진료와 어울리는 대상이 타깃이면 좋습니다.

저는 시력 때문에 사진작가의 꿈을 포기하려는 보육원 출신의 자립 준비 청년과 저희 고객 안과를 연결한 캠페인을 홍보한 적이 있습니다. 젊은 층을 대상으로 한 라식 안과의 경우 이것은 상당히 의미 있었습니다. 노인과 관련된 질환을 주로 진료하는 병의원이라면 노인 복지와 관련된 캠페인을 진행할 수 있을 것입니다.

병원에서 후원하는 NGO 단체 또는 행사가 있다면 이것을 현재의 광고대행사나 원내 마케팅을 통하여 외부에 널리 알리는 시도를 하시기를 바랍니다. 이러한 활동을 하는데 스스로 알리지 않는 것은 광고 홍보에 있어서 마이너스입니다. 병원의 사회 공헌 활동을 홈페이지 및 공식 SNS 채널을 통해 적극적으로 알리는 것이 필요합니다. 병원의 CSR 활동을 영상 콘텐츠로 제작하여 홍보하는 방법도 고려해 보시기 바랍니다.

예약 부도율을 점검하라

DB 마케팅으로 들어오는 DB가 많거나 CRM으로 보았을 때 예약된 사람이 많아서 기뻐하지만, 실제 부도율이 생각보다 많은 경우가 있습니다. 동일한 조건인데 우리 병원만 부도율이 높은 것은 대부분 대응이 전문적이지 않고 내원 전 상담과 관련된 표준 매뉴얼이 없거나 대응이 느리기 때문입니다. 이런 경우 그냥 실망하거나 캠페인을 바꾸고 말 것이 아니라 내원하지 않은 낙장 환자에 대한 부도율의 경과를 관리하고 다시 내원할 수 있도록 문자, 전화 등으로 다양하게 터치하는 것이 필요합니다.

병원의 마케팅과 예약 시스템을 점검할 때 많은 병의원이 환자의 예약률에만 집중하는 경향이 있습니다. 그러나 중요한 지표는 예약 이후 환자가 내원하는 비율, 즉 부도율(No-Show Rate)을 관리하는 것입니다. 부도율이 높아지는 원인은 크게 3가지입니다. DB 마케팅을 통해 확보된 환자들의 충성도가 낮거나, 예약 후 환자와의 추가적인 접점이 부족하거나, 부도율을 줄이기 위한 체계적인 관리 시스템이 없기 때문입니다.

부도 발생 후의 효과적인 회복 전략 수립이 필요합니다. 부도가 발생했다고 해서 해당 환자를 완전히 '잃어버린' 것은 아닙니다. 부도 회수율이 중요합니다. 1차 부도를 어떻게 회수할지 고민하시기를 바랍니다. 또한 부도율을 지속해서 분석하여 패턴을 파악하고 내원율이 높은 광고캠페인에 집중하시기를 바랍니다.

우리 병원이 유난히 예약을 하고 실제 내원을 하지 않는 부도 환자가 많은가요? 혹시 언젠가부터 예약부도 환자가 많다고 느끼고 있나요? 아니면 새롭게 입사한 직원이 우리 병원이 예약부도 환자가 많다고 지적한 적이 있었나요? 예약부도율이 많은 젊은 연령대의 진료를 하고 있거나 우리 병원이 유난히 예약부도가 높다고 생각하시면 반드시 이를 개선할 방안을 강구하셔야 합니다. 일단 예약이 성공된 환자가 내원하기를 그냥 기다리지 말고 개별적인 맞춤 문자와 카카오톡을 발송, 리마인드 콜을 되도록 빠르게 하는 것이 가장 중요합니다.

클릭이 일어나는 키워드를 정기 점검하라

한의원이 홈페이지 메뉴에는 다이어트와 부인과의 진료과

도 있지만, 주로 재활치료로 매출을 올리고 있으면서, 실제 키워드 광고 예산은 전체 키워드에 골고루 배분되고 있다고 하면 이것이 광고 성과에 도움이 될까요? 다이어트와 부인과는 클릭만 일어나고 실제 내원 고객이 없다면 맞는 전략일까요?

마케팅에 대한 욕심으로 키워드 광고에 아주 많은 키워드를 등록해 놓는 병의원을 보게 됩니다. 중요한 것은 오직 등록하는 욕심이 있어서 등록은 많이 하지만 실제 등록 이후에 키워드 그룹 관리는 하지 않는다는 것입니다. 병원 매출의 방향은 균등하지 않은데 마케팅 설정은 균등하게 해 둔 경우가 많습니다. 실제로 이러한 경우는 미용이나 여성 질환 쪽 클릭은 비용은 많이 지출되지만, 병원의 이미지가 재활과 교통사고 쪽이라 내원하지 않아 매출에 아무런 도움이 되지 않습니다. 이러한 포인트가 없는지 반드시 점검하시기를 바랍니다.

키워드 광고의 CPC가 적절한가?

키워드 광고는 현존하는 광고 중에 가장 비싼 광고로 CPC(클릭당 비용)가 3~4만원짜리 키워드도 많습니다. 규모가 작은 의원이라면 일정 금액 이상은 입찰하지 않는 전략으로 가는 것이 현명합니다. 네이버와 구글의 키워드 광고를 하는 경우에 네이버와 구글은 키워드 단가 형성이 다르게 되어 있다는 것을 명심해야 합니다. 네이버가 훨씬 비쌉니다.

따라서 '네이버는 클릭당 1만원 이하, 구글은 2천원 이하의 키워드에서 우리 의원에 적합한 키워드에만 입찰한다.' 등과 같은 기준이 필요합니다. 그렇지 않으면 상상할 수도 없이 높은 단가의 클릭 키워드에 광고 예산을 소진하게 되며 원장님께서 나중에 이를 발견하시는 일도 발생합니다.

마케팅 성공하면 혁명? 실패하면 반역?

새로운 병의원의 마케팅 개선 프로젝트를 진행할 때 내

부 직원들의 반발로 더 이상 진행하기 어렵겠다는 원장님의 전화를 받는 일이 종종 있습니다. 이것은 어떤 의미일까요? 원장님이 기존 마케팅과 상담, TM에 대한 문제점을 발견하고 개선 프로젝트를 진행하였지만, 원내 마케팅, 상담, TM 팀에서 지금 방식으로 업무를 진행하는 것에 익숙하여 새로운 방식을 받아들이지 않겠다고 반발한 경우입니다.

원장님은 아무래도 원내에서 장기근속한 직원들의 동요가 가장 불안하기 때문에 그들에게 로열티를 주고 요구를 먼저 들어줄 수밖에 없습니다. 그리고 원장님 역시도 개선에 대한 확신이 없다면 직원들의 반발을 이겨 내기가 쉽지 않습니다. 조직개선은 반드시 광고 개선과 함께 진행하되 내부의 반발이 예상된다면 시간을 갖고 순차적으로 진행해 보시기 바랍니다. 구성원들의 업무 현황분석과 인터뷰부터 시작하는 것이 좋습니다.

신뢰할 수 있는
중간관리자를 육성하라!

병원경영에 있어서 원장님께서 신뢰할 수 있는 중간관리자는 중요합니다. 이는 원장님이 진료에만 집중할 수 있도록 돕는 역할을 합니다. 무엇보다 병원의 핵심은 진료입니다. 그러나 병원의 마케팅, 상담 등은 지속해서 관리해야 하는 중요한 업무인데 원장님이 이러한 업무까지 모두 직접 챙긴다면 시간과 에너지가 분산되어 진료의 본질을 유지하기 어려워질 수 있습니다.

이런 중간 관리자를 마케팅의 모든 것을 이해하고 실행할 수 있는 사람으로 보유하겠다고 생각하는 것은 욕심입니다. 현실적인 조율자 정도면 충분합니다. 중간관리자는 업무적인 센스로 마케팅과 상담이 원장에게 정기적으로 보고될 수 있게 하고 광고 보고에 대한 기본 수치 정도를 이해하고 제대로 된 요구를 외부에 할 수 있는 역량만 있어도 의원급에서는 훌륭합니다.

반드시 외부에서 찾지 않으셔도 됩니다. 내부 육성과 외부 영입도 함께 생각해 보시기 바랍니다. 일부 원장님은 저와 같은 외부의 마케팅 에이전시에 내부 관리와 마케팅 업체 관리를 함께하는 실장들에 대한 약간의 교육을 의뢰하는 경우도 있는데 이는 바람직한 전략이라 할 수 있습니다.

VIP 및 장기 미 내원 환자 관리 시스템이 있는가?

광고 마케팅 활동이 항상 신환을 찾는 것에만 집중해야 한다고 생각하지 말고 10~20%의 역량은 VIP 환자와 장기 미 내원 환자 관리에 예산과 인력을 투입하시기 바랍니다. 경쟁이 심해진 경우 신규 환자를 유치하는 데 들어가는 비용은 점점 커지고 있으며, 기존 환자의 유지와 재방문을 유도하는 것이 보다 경제적이고 효율적인 전략이 될 수 있습니다. 마케팅 분야의 고전적인 통계 중 하나는 '신규 고객 획득 비용은 기존 고객 유지 비용의 5~25배'라는 것입니다.

장기 미 내원 환자의 이탈 원인을 분석하는 것도 중요합니다. 환자들이 일정 기간 이상 병원을 방문하지 않는 이유는 다양할 수 있습니다. 비용적인 부담, 불만족스러운 진료 경험, 불친절한 서비스, 혹은 단순한 관심 부족 등이 있을 수 있습니다.

통상적으로 6개월에 1회 정도 방문을 해야 하는 미용 의원의 경우 관리가 잘 된 병원이라도 대부분 25% 정도의 환자는 장기 미 내원 구간에 머물러 있습니다. 이들을 다시 불러들일 계획을 세우시기를 바랍니다.

VIP 환자를 관리하기 위해서는 우선 VIP 환자의 기준을 명확히 설정해야 합니다. 특정 진료 항목에서 일정 횟수 이상 내원한 환자, 높은 단가의 치료를 받은 환자, 원장님을 신뢰하고 지속해서 방문하는 환자 등이 이에 해당할 수 있습니다. 이러한 환자들에게는 보다 차별화된 상위 서비스가 기다리고 있다는 것을 자연스럽고 부담스럽지 않게 알리는 것이 중요합니다.

네트워크별로 마케팅 지원과 관리는 큰 격차가 있다

병원 네트워크를 관리하는 MSO의 조직의 마케팅은 일반 병의원 마케팅과 다릅니다. 네트워크 내에서 모든 지점이 동일한 지원을 받지 않습니다. 특히 마케팅 수준이나 지원에 상당히 격차가 심하다는 것을 알아야 합니다. 본부의 금전적, 인적 자원은 한정적이며 그들이 우선으로 투자하는 곳은 성장이 필요한 신규 개원 지점이거나 성과가 저조한 지점들입니다.

이 과정에서 이미 어느 정도 자리를 잡고 있는 지점들은 상대적으로 지원이 부족할 수밖에 없습니다. 따라서 우리 지점이 본부에서 주어진 지원만으로 성장하기를 기대하는 것은 위험합니다. 우리 지점은 우리 지점 나름의 필살기를 키워야 합니다. 스스로 차별화된 전략을 구축하고 개별 지점의 강점을 극대화할 방법을 모색해야 합니다.

네트워크로 개원하고도 저희 회사에 따로 마케팅을 요청하시는 원장님들이 많습니다. 네트워크 병원의 특성상 본부는 일괄적인 마케팅 전략을 수립하지만, 개별 지점의 특성과 지역적 차이를 모두 반영하기는 어렵습니다. 과연 본부가 우리보다 우리 지역을 잘 알 수 있을까요?

본부의 지원을 최대한 활용하되 거기에 의존하지 않고 우리만의 강점을 키워야 합니다. 본부가 주도하는 마케팅과 지점 자체적인 마케팅이 조화를 이루며 시너지를 창출할 수 있도록 전략을 수립하는 것이 가장 효과적인 방향입니다. 결국 네트워크 의원의 각 지점의 장기적인 성공은 본부의 지원에만 의존하지 않고 자체적인 경쟁력을 키우는 데 달려있습니다.

네트워크 지점에 대한 지역 타깃 광고가 제대로 되고 있는가?

현재 병의원 네트워크를 운영 중이며, 본부로써 MSO를 운영하고 있나요? 각 지점에 대한 마케팅을 어떻게 하고 있나요? 현재 본부에서는 각 지점에 대한 지역 맞춤형 광고 전략을 수립하고 효과적으로 운영하고 있나요? 또는 모든 지점에 동일한 방식의 마케팅을 적용하고 있지는 않나요? 현재 내부 마케팅 담당자가 이러한 사항을 실천하고 있나요? 현재의 외주 광고대행사가 이러한 방법론을 잘 알고 있으며 실천 중인 업체인가요?

네트워크 의원의 경우는 우리 지점이 없는 지역에는 마

케팅할 필요가 없기 때문에 정확한 지역 타깃 마케팅 계획이 필요합니다. 또한 신규 개설 지점과 매출 성과가 낮은 지점을 위한 별도의 마케팅 지원프로그램이 필요합니다. 모든 지점에 동일한 광고 문구와 콘텐츠를 적용하는 것이 아니라 각 지역에 맞춘 메시지를 전달해야 합니다.

효과적인 네트워크 마케팅을 위해서는 체계적인 성과 측정과 분석 시스템도 구축되어야 합니다. 매월 지점별 마케팅 활동의 ROI를 정확히 측정하고 이를 바탕으로 한 예산 배분과 전략 수정이 이루어져야 합니다. 네트워크 본부에서 우리 지점이 있는 지역에 지역 타킷 광고하는 것이 아니라 전국에 브랜딩 광고만 한다는 전략은 상당히 위험합니다.

■ 에필로그

본 도서를 통하여 우리 병의원의 마케팅 개선점을 체크하게 되셨는지요? 읽으시면서 공감이 되는 부문에는 펜으로 체크하셨을까요?

원장님께서 느끼신 점에 대해 직원과 외주 광고대행사와 미팅을 하시고 개선해 보시기 바랍니다.

그리고 2개월 후에 다시 한번 이 책에 메모하신 내용이 얼마나 개선되었는지를 체크해 보신다면, 이 책을 두 번 펼쳐 보신 보람이 반드시 있을 것이라 확신합니다.

순수문학책은 아니지만 때때로 마케팅 현황을 체크하시고 싶을 때 다시 꺼내어 읽어보는 책이 된다면, 본 도서의 역할은 다하였다고 생각됩니다.

마케팅은 절대 마케팅 담당자 단독으로 성과가 나지 않습니다. 원장님의 관심과 원내 조직 그리고 외주 광고대행사의 협업에 의해 빛을 발하게 되어 매출로 다가온다는 경험과 믿음으로 이 책을 쓰게 되었습니다.

여러분의 병의원 건승을 기원합니다.

2025.4

심진보 드림

부록

- **닥터북클럽**: 매월 갱신하는 구독형 출판 코칭 프로그램

- **클럽장 및 출판코칭**: 투비스토리 심진보 대표

- **닥터북클럽이란?**

닥터 북클럽(Doctor Book Club)은 **의사, 치과의사, 한의사를 위한 맞춤형 출판 & 퍼스널 브랜딩 프로그램**입니다.

의료인의 전문성을 책으로 정리하고, 출판을 통해 개인 브랜드를 구축하며, 국내외 시장에서 영향력을 확대할 수 있도록 1:1 컨설팅과 AI 기반 글쓰기 지원을 제공합니다.

- ✓ **Type1: 월간 구독 프로그램**
  원하시는 시점에 시작
- ✓ **Type2: 단행본 과정**
  월간구독이 아니라, 1회성, 일시불 출간진행
- ✓ **매월 구독 가능 & 자유롭게 해지 가능**
  부담 없이 출판을 준비할 수 있음
- ✓ **출간이후 홍보 및 글로벌 출판 지원(선택 사항)**
  아마존 출간 보장, 해외 출판
- ✓ **출간 보장형 출판 컨설팅**
  출간 및 교보문고, Yes24, 알라딘 입점 보장

▶ 진행 방식

매월 원격(Zoom, 전화, 이메일)으로 진행하는 1:1 출판 컨설팅·원고 진도 점검, 첨삭, AI 활용방법 및 코칭과 피드백 제공·매월 개인 맞춤형 일정 조정 가능·전국 어디서나 신청가능

문의: help@2bstory.com / 010-8718-5000
자세히 알아보기: www.doctorbookclub.com

찾아가는 병원마케팅 무상점검

현재의 병의원 마케팅을 외부의 시선에서 개선점을 점검하여 1회 무료 방문해 드리고 컨설팅해 드립니다. 지방의 경우 Zoom으로 진행합니다. 무료로 진행되며 현황분석 자료를 만들어서 방문해 드립니다. 부담 없이 신청해 보시기 바랍니다.

신청 및 문의: help@2bstory.com / 010-8718-5000

지방 1인 원장을 위한 마케팅 및 디자인 구독 서비스: 한마디

수도권 외 지방의 소규모 1인 의원의 원장님을 위한 마케팅 및 디자인 구독 서비스 '한마디'(한 명의 원장을 위한 마케팅, 디자인 서비스)입니다. 광고대행사나 원내에 마케터와 디자이너를 직접 고용하기 어려운 지방의원을 위하여 단톡방을 개설하여 의원의 필요 사항에 맞게 지원해 드립니다. 프리랜서를 고용하면 필요시마다 의뢰하기 어렵고 의료법에 대한 지식이 없어 힘든 점이 있기에 기본적인 마케팅과 디자인을 원격에서 지원해 드립니다. 현재 춘천, 동해, 진주, 순천 등 지방의 1인 의원에서 다수 구독하고 있습니다. 매월 광고비는 매월 자동이체이며 언제든 구독 탈퇴가 가능합니다. 지방 1인 의원을 위한 원격 마케팅 및 디자인팀 지원 서비스입니다.

신청: www.1madi.com
문의: help@2bstory.com / 010-8718-5000

병원마케팅, 홈페이지, 영상 제작 의뢰

2008년부터 병원 온오프라인 마케팅과 홈페이지 제작, 영상 제작 업무를 해오고 있습니다.
부담 없이 문의하시기를 바랍니다.

문의: help@2bstory.com / 010-8718-5000

병원마케팅 이기는 전략 정기세미나

매월 또는 비정기적으로 병의원을 위한 마케팅 세미나를 Zoom으로 진행하고 있습니다. 신청해 주시면 초대해 드리며 무료 세미나입니다.

신청: www.medibrain.co.kr

마케팅 감사(監査, audit)

우리 병의원의 마케팅이 제대로 되고 있는지 매월 객관적 시각에서 외부 감사 및 모니터링을 진행해 드립니다. 대표 원장님만 가입할 수 있는 구독 서비스입니다. 광고 대행 서비스가 아니며 직접 하시거나 외주 대행사를 쓰고 있거나 무관하게 현재의 마케팅에 대해 점검해 드립니다. 실제 마케팅의 전체

를 파악하기 어려운 대표 원장님만을 위한 비밀구독 서비스

- 심진보 대표와 원하실 때 언제나 통화 및 카톡 가능 (핸드폰 직통, 주말 포함)
- 매일 온라인상의 부정 이슈 1회 모니터링, 발생 시에만 원내 통보
- 현재 마케팅업체의 광고 보고서를 분석하여 취약점 원장님께 통보, 월 1회
- 현재 마케팅 예산의 누수 포인트 분석 및 보고, 월 1회
- 원하시는 경우 월 1회 Zoom 미팅 가능
- 전국 어디서나 가입 가능
- 매월 구독모델, 자동이체, 언제든 취소 가능
- 철저한 보안과 비밀 유지
- 경쟁병원 분석요청 가능
- 의료광고 심의 및 경쟁업체의 공격에 대한 조언
- 광고 대행은 다른 곳에서 하고 있으셔도 됩니다.
- 신청 직후 원장님과 카톡 친구 추가로 시작합니다.

신청: 마케팅오딧 www.marketingaudit.kr
문의: help@2bstory.com / 010-8718-5000

병원 개원마케팅 컨설팅

현재 봉직 상태에서 또는 휴직 상태에서 병의원 개원을 준비하시는 원장님을 위한 시행착오 없는 병원 개원을 위한 개원마케팅 컨설팅 서비스, 개원 예정 3~4개월 전부터 진행

주요 진행 내용
- 미팅, 워크숍, 진도 점검, 전략회의 격주간
- 시그니처 진료 개발, 상표권 출원(with 변리사)
- 병원 컨셉기획, 키 메시지 도출
- 의료광고 심의 대행
- 개원 진도 체크, DB 마케팅 기획
- 가격 및 비급여 상품 기획 공동 기획
- 타 병원 벤치 마킹, 브랜드 차별화 포인트 개발, 로고 제작

문의: help@2bstory.com / 010-8718-5000

병의원 시그니처 수술 및 시술 개발 + 상표권 등록 서비스

별다른 차별화 포인트 없이 기기명, 시술명, 수술명, 지역명으로 지역사회에서 평범하고 경쟁력 없는 마케팅을 진행 중인 병의원을 위한 차별화 진료 기획 + 진료 명 도출 서비스입니다.

네이버와 소셜미디어, 유튜브 등에서 사용할, 중복 없는 우리 병원만의 특화 시술명과 그에 따른 스토리와 논리를 개발 후 특허법인의 변리사에게 상표권 등록 의뢰해 드립니다.

문의: help@2bstory.com / 010-8718-5000

해외환자 유치를 위한 다국어 홈페이지 제작

해외환자 유치를 위한 가장 기본적인 다국어 홈페이지를 번역 AI를 이용하여 빠르고 경쟁력 있게 제작해 드립니다.

문의: help@2bstory.com / 010-8718-5000

병원 홈페이지 무제한 유지보수 서비스

홈페이지의 원본파일이 없어도 홈페이지 유지보수가 가능하며 매월 팝업, 이벤트 디자인, 각종 수정사항을 담당 디자이너를 배정하여 실시간으로 지원해 드리는 월 정액 구독 서비스입니다.

문의: help@2bstory.com/ 010-8718-5000

원장님을 위한 병원마케팅 자가 진단 KIT

발행　2025년 03월 21일

저자　심진보
펴낸이　심진보
편집　윤경희
펴낸 곳　투비스토리㈜

출판사 등록　2024.07.18. (제2024-203호)
주소　서울 강남구 테헤란로2길 27 비전타워, 10층 1022호
전화　070-8676-7132
이메일　help@2bstory.com

ISBN 979-11-988599-7-6

www.2bstory.com
@심진보 2025

본 책은 저작자의 지적 재산으로서 무단 전재와 복제를 금합니다.